fronteiras
em definição

FLÁVIO THALES
RIBEIRO FRANCISCO

fronteiras
em definição

Identidades negras e imagens
dos Estados Unidos e da
África no jornal *O Clarim da
Alvorada* (1924-1932)

Copyright © 2013 Flávio Thales Ribeiro Francisco

Grafia atualizada segundo o Acordo Ortográfico da Língua Portuguesa de 1990, que entrou em vigor no Brasil em 2009.

Publishers: Joana Monteleone/Haroldo Ceravolo Sereza/Roberto Cosso
Edição: Joana Monteleone
Editor assistente: Vitor Rodrigo Donofrio Arruda
Projeto gráfico, capa e diagramação: João Paulo Putini
Assistente acadêmica: Danuza Vallim
Revisão: João Paulo Putini
Assistente de produção: Camila Hama
Imagens da capa
Superiores: *O Clarim da Alvorada* de maio de 1930
Central: *O Clarim da Alvorada* de dezembro de 1931
Inferiores: *O Clarim da Alvorada* de janeiro de 1930

CIP-BRASIL. CATALOGAÇÃO NA PUBLICAÇÃO
SINDICATO NACIONAL DOS EDITORES DE LIVROS, RJ

F893f

Francisco, Flávio Thales Ribeiro
FRONTEIRAS EM DEFINIÇÃO: IDENTIDADES NEGRAS E
IMAGENS DOS ESTADOS UNIDOS E DA ÁFRICA NO JORNAL
O CLARIM DA ALVORADA (1924-1932)
Flávio Thales Ribeiro Francisco. - 1. ed.
São Paulo : Alameda, 2013
254 p. ; 21 cm

Inclui bibliografia
ISBN 978-85-7939-245-0

1. Negros - São Paulo (SP). 2. São Paulo (SP) - Relações
raciais. 3. Negros - Direitos fundamentais - Estados Unidos.
4. Movimento pelos direitos humanos - Estados Unidos.
5. Estados Unidos - Relações raciais. I. Título.

13-07550   CDD: 305.89608161
                                      CDU: 316.347(815.6)

ALAMEDA CASA EDITORIAL
Rua Conselheiro Ramalho, 694 – Bela Vista
CEP 01325-000 – São Paulo – SP
Tel. (11) 3012-2400
www.alamedaeditorial.com.br

Sumário

PREFÁCIO 7

INTRODUÇÃO 11

CAPÍTULO I. Universo negro paulistano e o surgimento de *O Clarim da Alvorada* 27

Negros em São Paulo 27

Imprensa negra 36

O alvorecer do *Clarim* 44

A constituição de um "espaço negro" na cidade de São Paulo 53

O fim de *O Clarim da Alvorada* 60

CAPÍTULO II. Por uma outra "brasilidade": semear ideias no seio da raça 63

Inclusão social e os usos do passado 64

Um símbolo para a nação: a Mãe Preta 92

Integrando pela raça 97

CAPÍTULO III. Por uma solidariedade entre os negros nas Américas: imagens dos Estados Unidos em *O Clarim da Alvorada* 101

A "imprensa negra" norte-americana e os diagnósticos e soluções sobre a situação do negro nas Américas 103

Um olhar para além das fronteiras nacionais 118

Paraísos e infernos raciais 129

CAPÍTULO IV. África: berço e redenção da raça negra em contexto internacional 179

Elementos do imaginário construído sobre a África no Brasil 181

A África em *O Clarim da Alvorada* 190

O Clarim da Alvorada: da África selvagem ao pan-africanismo 195

CONSIDERAÇÕES FINAIS 229

BIBLIOGRAFIA E FONTES 237

AGRADECIMENTOS 251

Prefácio

Felizmente vem a público este importante trabalho de Flávio Thales Ribeiro Francisco. O historiador dedicou-se a compreender o jornal *O Clarim da Alvorada*, "periódico negro" que circulou entre as décadas de 1920 e 1930 da modernidade paulista. Ainda que os jornais da imprensa negra tenham sido sistematizados e catalogados, *O Clarim*, fonte e objeto de estudo do pesquisador, carecia de análise acurada das suas páginas. O autor consagrou mais de dois anos ao estudo do periódico, procedendo à leitura criteriosa dos temas de eleição dos jornalistas, levantando dados sobre o seu principal editor, José Correia Leite, homem que lutou para aprender a ler e escrever, e dos contatos estabelecidos pelos articulistas no Brasil e no estrangeiro.

Se *O Clarim* não foi o único veículo da imprensa negra paulista, foi certamente um dos pioneiros. A importância de estudar o jornal está no fato dele ter sido o de vida mais longa entre as folhas do mesmo tipo. Por isso, o período da pesquisa circunscreve-se entre 1924, ano do nascimento do periódico, a 1932, data em que sofreu empastelamento por parte dos integrantes da Frente Negra. Era uma reação às criticas reincidentes de *O Clarim* à forte centralização da liderança da organização. Desde então, o jornal, que já arcava com problemas financeiros interrompeu definitivamente a sua circulação. O fato mostra a cisão no interior do ativismo negro nas primeiras décadas do século XX no Brasil.

Francisco constatou que o projeto político de ascensão e inclusão social dos negros no país era defendido ardorosamente pelos jornalistas que habilmente manejaram informações brasileiras e internacionais para requerer um lugar para os negros no Brasil pós-abolição. O historiador acompanhou a evolução do veículo de inicialmente voltado para a vida social dos clubes recreativos negros para uma postura combativa politicamente que reclamava um lugar digno para o negro na sociedade.

Note-se que *O Clarim* surgiu em um momento no qual parte dos políticos e intelectuais brasileiros argumentava em prol de uma nação "civilizada" e predominantemente branca. Desse modo, apesar dos recursos reduzidos, o jornal se tornou divulgador dos interesses das lideranças negras na cidade de São Paulo. Francisco informa que, como outros órgãos da imprensa, *O Clarim*, ainda que defendesse a isenção e a neutralidade, era um periódico que veiculava os projetos dos responsáveis pelo jornal.

O historiador inovou ao escolher discutir as imagens de países da África e dos Estados Unidos veiculadas no periódico. As notícias sobre experiências negras, fora dos limites nacionais, permitiram aos articulistas comporem propostas de inclusão dos negros no Brasil por meio de comparações ou mesmo de rejeições de determinadas experiências estrangeiras.

Assim, *O Clarim da Alvorada* simultaneamente valorizava os etíopes que lutavam por independência no leste da África e rejeitava insistentemente a desumana segregação racial que grassava nos Estados Unidos. Para os articulistas de *O Clarim*, ainda que o negro ocupasse lugar subalterno no Brasil, a situação no nosso país era melhor do que aquela corrente nos Estados Unidos das décadas de 1920 e 1930. Já a autodeterminação dos negros em diferentes regiões e a luta por descolonização das nações africanas eram tomadas como exemplos para a ação dos negros em São Paulo.

O curioso é que as notícias sobre os Estados Unidos, mas também sobre a África, eram selecionadas, pelos editores de *O Clarim*, em dois "jornais negros" dos Estados Unidos: *O Chicago Defender* – editado por Robert Abbot, que criticava a segregação racial e lutava por inclusão do negro naquele país – e o *Negro World*, periódico do polêmico e contundente líder negro jamaicano, radicado nos Estados Unidos, Marcus Garvey, cujo principal projeto era promover o retorno de negros das Américas para a África. Os articulistas da folha brasileira debateram, criticaram e opinaram entusiasticamente sobre a atuação dos negros fora das fronteiras nacionais sem, no entanto, jamais terem colocado os pés nos países e regiões mencionados.

Entretanto, foi exatamente essa opção por compreender as imagens do estrangeiro no jornal o que permitiu a Flávio Thales Ribeiro Francisco lidar com a importante temática das identidades que surgiram nas páginas de *O Clarim da Alvorada*. Ele considerou que os jornalistas propunham primeiramente uma identidade, espécie de consciência negra, forjada pelos "homens de cor" no Brasil. Com isso, poderiam reivindicar o seu lugar no espaço nacional brasileiro e o reconhecimentodo seu papel na constituição da nação; por fim, destacava-se uma identificação dos negros brasileiros com as aspirações, angústias e projetos políticos dos negros que habitavam a África e os Estados Unidos. Em resumo, o texto claro e fluente que o leitor tem agora nas mãos é resultado da qualificada formação intelectual do autor, de pesquisa rigorosa, embasada em sólidos procedimentos teórico-metodológicos, cujos desdobramentos nos convidama pensar não só sobre o passado, mas também sobre o presente.

PROFA. DRA. MARY ANNE JUNQUEIRA
Departamento de História/
Instituto de Relações Internacionais
USP – Universidade de São Paulo

Introdução

O principal objetivo desta obra é compreender como o jornal *O Clarim da Alvorada* (1924-1932) atribuiu sentidos e significados às experiências negras estrangeiras e os modos como estas foram utilizadas para criar ou reforçar um projeto político de ascensão social para os negros da cidade de São Paulo. O periódico que escolhi estudar é considerado integrante de destaque do que ficou conhecido como a imprensa negra paulista, a qual se constituiu nas primeiras décadas do século XX, quando surgiram na capital, e em outras cidades do estado, vários pequenos jornais produzidos por negros e direcionados à população negra. A escolha do jornal se justifica uma vez que os primeiros periódicos voltados para esses setores da população privilegiavam a vida social nas associações recreativas, enquanto *O Clarim da Alvorada* se destacava em virtude de manter uma periodicidade regular e de problematizar a questão da marginalização da população negra. Para isso, os articulistas do jornal manusearam um número considerável de dispositivos textuais na constituição de ideias e projetos que visavam a integração do negro à sociedade brasileira e que, por outro lado, inseriam essa camada da população nos debates que envolviam o negro em termos internacionais.

O Clarim da Alvorada não foi o único órgão dessa imprensa segmentada a defender a questão negra no estado de São Paulo, mas foi um dos pioneiros. Mais do que isso: através da análise do discurso do periódico, é possível observar a mudança de posição dos jornalistas, que inicialmente se preocupavam com a vida social em clubes recreativos dos negros, para uma postura combativa politicamente, propondo um lugar para o negro no Brasil e no mundo, apesar dos parcos recursos que dispunham e do esforço para manter a publicação periodicamente.

As experiências negras internacionais podem ser encontradas em outros jornais do período, mas no caso de O Clarim da Alvorada, a maioria dessas notícias era selecionada em dois periódicos negros norte-americanos, o Chicago Defender e o Negro World, que chegavam às mãos dos jornalistas brasileiros a partir de "redes negras transnacionais", formadas através de vínculos variados entre jornalistas e ativistas negros. Assim sendo, as propostas e projetos defendidos por O Clarim da Alvorada foram estruturados não somente a partir de artigos e notícias do contexto político e social brasileiro, mas também de informações sobre o racismo e as lutas de lideranças negras dos Estados Unidos e, em menor proporção, do continente africano.

Ao escolher analisar as experiências negras internacionais nas páginas de O Clarim da Alvorada, avaliamos que a questão das identidades poderia nos fornecer o instrumental necessário para melhor compreender os temas postos pela publicação. A questão identitária nos forneceu subsídios para considerar que não era possível entender a perspectiva internacional divulgada sem esclarecer os problemas nacionais enfrentados por aqueles homens e as propostas defendidas para superá-los. Na leitura do documento, percebemos que os jornalistas de *O Clarim da Alvorada* propuseram não apenas uma, mas distintas identidades para a população negra, tanto em âmbito nacional quanto em domínios internacionais: a primeira clamava por uma consciência e dignidade negras modernas e educadas; a segunda clamava por uma "outra brasilidade", incluindo os negros em âmbito nacional; e, por fim, a terceira pressupunha uma solidariedade entre os negros do Brasil, dos Estados Unidos e da África na época em que a segregação racial imperava na sociedade norte-americana e povos africanos e asiáticos se levantavam pela independência política de seus países.

As balizas temporais da pesquisa estão marcadas por 1924, ano de nascimento de *O Clarim da Alvorada*, e 1932, último ano de sua publicação. O motivo do encerramento esteve relacionado ao conflito entre os editores do jornal e as lideranças da Frente Negra Brasileira, eminente organização negra que se transformaria em um partido político. José Correia Leite e mais o grupo que comandava a publicação do jornal questionavam a centralização da Frente Negra Brasileira nas mãos dos irmãos Arlindo e Isaltino Veiga dos Santos. Para revidar a contestação por parte dos jornalistas, a milícia da organização invadiu a redação e empastelou a oficina de impressão do jornal, aprofundando as dificuldades para a publicação de *O Clarim da Alvorada*.

A análise por nós empreendida pretende demonstrar como o processo de circulação de ideias entre lideranças negras brasileiras e norte-americanas se realizava já na década de 1920. A institucionalização do movimento negro brasileiro no final da década de 1970 transformou a geração de ativistas negros deste período em um divisor de águas na história das organizações negras brasileiras do pós-abolição. Essas lideranças romperam com a tendência assimilacionista das gerações anteriores, elaborando imagens de um negro "rebelde" e "desobediente". As iniciativas dos ativistas negros do passado passaram a ser consideradas como etapas de um processo de maturação da "consciência racial" que se concluiu no final da década de 1970.[1] Assim sendo, a memória construída em torno de ativistas negros passou a atribuir a essa geração o nascimento de uma ligação transnacional com as lutas de negros em outros países.[2] No entanto, como veremos adiante, a recepção das experiências negras estrangeiras não se iniciou com as informações sobre a luta do Movimento pelos Direitos Civis nos Estados Unidos e os movimentos pela descolonização dos países africanos que emergiram na década de 1950; os desafios ao racismo e ao imperialismo encarados por norte-americanos e africanos já faziam parte de um panorama político construído nas páginas de O Clarim da Alvorada.

Com esse estudo sobre a seleção e publicação de notícias sobre as experiências negras internacionais em O Clarim da

---

1   Ativistas como Hamilton Cardoso e Joel Rufino criaram narrativas históricas destacando a geração de 1970 das organizações anteriores. Ver RIOS, Flavia Mateus. "Movimento negro brasileiro nas Ciências Sociais". In: Sociedade de Cultura, Goiânia, v. 12, n. 12, 2009, p. 263-274.

2   Em uma coletânea de entrevistas, ativistas negros associam o "nascimento" de uma consciência racial no país com a incorporação de elementos das lutas negras internacionais, reforçando a ideia de que as conexões transnacionais do ativismo negro surgiram no final da década de 1970. Ver ALBERTI, Verena & PEREIRA, Amilcar Araújo (org.). Histórias do movimento negro no Brasil. Rio de Janeiro: Pallas; CPDOC-FGV, 2007.

Alvorada, procuramos contribuir com as pesquisas sobre os negros no Brasil, nas primeiras décadas do século XX, com um tema pouco abordado pelos estudiosos. Alguns trabalhos que utilizaram essa documentação se preocuparam em mapear o conjunto de jornais negros – desde o que surgiu em 1915 até os publicados posteriormente à década de 1940 –, tratando-o como um registro da mentalidade da "elite" negra paulistana na primeira metade do século XX. Enquanto Roger Bastide procurou demonstrar a expressão de um "puritanismo negro"[3] entre um segmento da população negra paulistana, Miriam Nicolau Ferrara, em estudo pioneiro, definiu os jornais negros como um importante instrumento ideológico para coesão e integração da população negra. Ou seja, "a imprensa negra desenvolveu uma ideologia grupal que visava a manutenção de seus próprios valores e representações frente a uma sociedade discriminadora".[4]

Além desses trabalhos que sistematizaram os jornais da imprensa negra paulista, outros se preocuparam em entender diferentes aspectos das experiências dos negros do estado de São Paulo e da capital através dos registros dos periódicos. Michael Mitchell, por exemplo, procurou analisar a relação entre consciência racial e a ação coletiva entre os ativistas negros.[5] O historiador norte-americano George Andrews[6] utilizou a imprensa negra

---

3 BASTIDE, Roger. *Estudos afro-brasileiros*. São Paulo: Perspectiva, 1973.

4 FERRARA, Miriam Nicolau. *A imprensa negra paulista (1915-1963)*. Dissertação (mestrado) – FFLCH-USP, São Paulo, 1986, p. 28-29.

5 MITCHELL, Michael. *Racial consciousness and the political attitudes and behavior of blacks in Sao Paulo, Brazil*. Tese (PhD) – Departamento de Ciência Política de Indiana University, Bloomington, 1977 (mimeo.).

6 ANDREWS, George Reid. *Negros e brancos em São Paulo, 1888-1988*. Bauru: Edusc, 1998.

como subsídio para compreender a posição dos trabalhadores negros no mercado de trabalho que se formava na cidade de São Paulo nas primeiras décadas do século xx. Já Petrônio Domingues reconstruiu a relação da população negra com a sociedade paulistana, dando ênfase à formação das instituições recreativas e políticas.[7] Assim, esses estudiosos utilizaram os jornais da imprensa negra para compreender a sociedade do período.[8]

A complexidade do modo como *O Clarim da Alvorada* articulava os referenciais identitários negros, brasileiros e transnacionais, nos conduz à compreensão da construção de uma ideia de nação pelos jornalistas e a maneira como esta interagiu com outras identidades. Para tal, recorremos ao suporte teórico de Benedict Anderson, que nos oferece recursos importantes para entendermos a mobilização de comunidades em torno do sentimento de pertença a uma nação. Em *Comunidades imaginadas*,[9] Anderson compreende a nação como um conceito antropológico e não como mais uma ideologia, tal e qual o liberalismo ou fascismo. Pare ele, a imprensa foi importante instrumento na constituição da identidade – nas delimitações entre o "nós" e o "eles" –, uma vez que auxiliou na conformação da nação como

---

7   DOMINGUES, Petrônio. *Uma história não contada: negro, racismo e branqueamento no São Paulo pós-abolição*. São Paulo: Editora Senac, 2004.

8   Além dos estudos sobre a imprensa negra, é importante destacar a série de pesquisas sobre a população negra brasileira desenvolvida pela Escola Paulista de Sociologia. Entre elas, CARDOSO, Fernando Henrique. *Cor e mobilidade social em Florianópolis: aspectos das relações entre negros e brancos numa comunidade do Brasil*. São Paulo: Nacional, 1960 e FERNANDES, Florestan. *A integração do negro na sociedade de classes*. São Paulo: Editora Anhembi, 1964.

9   ANDERSON, Benedict. *Comunidades imaginadas: reflexões sobre a origem e a difusão do nacionalismo*. São Paulo: Companhia das Letras, 2008.

"uma comunidade política imaginada como intrinsecamente limitada e, ao mesmo tempo, soberana". Ele parte do princípio de que o processo de imaginação das comunidades é um exercício de construção. A partir de signos culturais, narrativas e símbolos considerados como nacionais, coletividades forjam uma cultura comum, definindo uma identidade nacional e os seus limites em relação às outras nações. Por isso, não poderia ser analisado a partir da ideia de falso/verdadeiro. Assim como as religiões, o nacionalismo preenche o desejo dos indivíduos por uma existência que transcende a mortalidade.

O Clarim da Alvorada mobilizava símbolos e referenciais que pudessem servir de base para a ideia de uma comunidade nacional que congregasse negros, indígenas e brancos. Era uma nação pretendida pelos articulistas. Contudo, essa tarefa foi empreendida paralelamente ao desejo do jornal e de ativistas da época de organizar uma coletividade negra na cidade de São Paulo; ou seja, a identidade nacional que se imaginava nas páginas de O Clarim da Alvorada era acompanhada de representações que constituíam uma identidade negra paulistana.

Em A identidade cultural na pós-modernidade, Stuart Hall examina o convívio entre o sujeito nacional e o sujeito negro.[10] Apesar de tratar do fenômeno de "fragmentação das identidades" a partir da década de 1960, com o surgimento de movimentos sociais de mulheres, negros e outros grupos minoritários no interior das nações, o trabalho de Hall nos introduz ao debate em torno do processo de construção das identidades nacionais, interrogando o caráter unificado que se atribuía às nações.

---

10 HALL, Stuart. A identidade cultural na pós-modernidade. Rio de Janeiro: DP&A Editora, 2003.

Recuperando a teoria de Benedict Anderson, Hall argumenta que as nações são comunidades imaginadas que se estruturam a partir de elementos como as narrativas nacionais, discursos sobre a origem, invenções de tradições, mitos fundacionais e as ideias de povo puro e original. Nesse sentido, a nação apresenta significados culturais e um "sistema de representação" que são compartilhados por seus cidadãos, estimulando o sentimento e o desejo de se viver em uma comunidade unificada e perpétua, não importando as diferenças de classe, raça ou gênero.

Contudo, Stuart Hall nos lembra que uma cultura nacional nunca foi "um simples ponto de lealdade, união e identificação simbólica". As disputas internas conceberam identidades locais, de determinado grupo ou mesmo as "identidades pós-modernas" e fragmentadas. Ao tratar da ideia de nação apenas como um consenso em torno de representações, poderíamos ignorar as relações de poder e os conflitos em torno do processo de escolha do que deve ser nacional e do que deve ser descartado. De acordo com os exemplos por ele utilizados, o processo de formação das nações é histórico e envolveu conquistas violentas de alguns povos sobre outros. Sendo assim, "em vez de pensarmos as culturas nacionais como unificadas, deveríamos pensá-las como constituindo um dispositivo discursivo que representa a diferença como unidade ou identidade".[11]

Se por um lado podemos perceber o convívio e até mesmo conflitos entre grupos étnicos no interior de uma nação, por outro observamos redes transnacionais que atravessam os limites imaginários da nação. Com efeito, Paul Gilroy, autor de *O*

---

11 *Ibidem*, p. 62.

Atlântico Negro,[12] nos apresenta o exercício prático de um estudo sobre a circulação de ideias e a formação de intelectuais negros em um espaço transnacional. O seu objetivo é o de evidenciar o caráter híbrido de culturas étnicas e nacionais que é obscurecido pelas retóricas de pureza. Para combater as visões essencialistas em torno da ideia de nação e raça, Gilroy constrói um espaço amplo onde ideias políticas circulavam através de viagens de intelectuais e ativistas negros.

O sociólogo britânico, por exemplo, utiliza a trajetória de abolicionistas negros como Robert Wedderburn para demonstrar como o abolicionismo radical inglês não se construíra somente a partir de ideias concebidas entre as fronteiras nacionais. Nascido como negro livre na Jamaica em 1762, Wedderburn se formou politicamente não somente como testemunha da escravidão, mas também como vítima dos maus tratos da Marinha Real Britânica enquanto marujo. Assim que se estabeleceu na Inglaterra e entrou em contato com o contexto político inglês, ele deu início a sua carreira como pregador subversivo de um abolicionismo que chegava, até mesmo, a defender o direito do escravo matar o seu senhor.

Contudo, a principal preocupação de Paul Gilroy não é a de desnudar a perspectiva nacional da historiografia inglesa, que ignora a participação ativa dos negros na história do país. Grande parte de seu esforço em *O Atlântico Negro* é o de questionar o essencialismo presente no debate em torno da cultura política negra nos Estados Unidos. Algumas abordagens que tendem a tratá-la como originária de experiências especificamente negras ignoram a influência do pensamento ocidental

---

12 GILROY, Paul. *O Atlântico Negro*. São Paulo: Editora 34, 2001.

sobre intelectuais e ativistas. Gilroy investiga as obras e as trajetórias de intelectuais negros como William Du Bois, ressaltando como conceitos elaborados por cânones da cultura ocidental foram apropriados para a reflexão sobre a condição das populações negras pelo mundo. Antes que conquistasse o título de PhD pela Universidade de Harvard, Du Bois, com financiamento de uma fundação norte-americana, passou dois anos estudando na Universidade de Berlim, onde entrou em contato com a tradição intelectual da instituição. Segundo Paul Gilroy, William Du Bois constituiu uma narrativa histórica para o negro norte-americano, mobilizando conceitos como raça, nação e cultura a partir da leitura da filosofia do alemão Georg Heigel.

Seja através da viagem de William Du Bois ou da influência dos caribenhos na formação do abolicionismo radical, Gilroy estabelece um espaço transnacional que denomina Atlântico Negro. É a partir dele que retrata a formação de intelectuais, a circulação de ideias e os processos históricos que atravessavam os limites nacionais. Essas experiências negras, segundo o raciocínio de Paul Gilroy, ajudam a revelar, de maneira privilegiada, o caráter híbrido de conceitos concebidos na modernidade de maneira essencialista.

Sendo assim, consideramos *O Clarim da Alvorada* como agente dessa circulação de ideias no campo Atlântico Negro, interpretando e reproduzindo ideias selecionadas das fontes internacionais. Essas informações não eram utilizadas pelo periódico apenas como relatos de experiências negras estrangeiras, os editores as incorporavam a um conjunto de textos que redefiniam o lugar do negro na sociedade brasileira. Entre as décadas de 1920 e 30, *O Clarim da Alvorada* convivia com o pensamento de políticos e intelectuais brasileiros que ainda vislumbravam uma nação predominantemente branca. Nesse sentido, o periódico negro procurava oferecer uma ideia de nação que não fosse imaginada a partir da crença de superioridade de uma "raça" sobre a outra, uma vez que defendia a inclusão do negro e propunha, portanto, uma "outra brasilidade".

Entendemos que *O Clarim da Alvorada*, além de pertencer a um espaço transnacional de culturas políticas negras, estava incluído entre grupos de intelectuais que lutavam por uma outra identidade nacional para um país que se repensava após abolir a escravidão em 1888 e mudar sua organização política em 1889, com a proclamação da República. Portanto, o periódico, apesar dos parcos recursos que dispunha para a sua confecção, se constituía como órgão divulgador de interesses de lideranças negras da cidade de São Paulo.

As pesquisas das historiadoras Tânia de Luca e Ana Luiza Martins nos permitiram bem avaliar a inserção de *O Clarim da Alvorada* no interior de um universo mais amplo, pois elas tratam do papel da imprensa negra em meio ao jornalismo em geral no Brasil. Já Heloisa Cruz, por sua vez, mostra como surgiram, na cidade de São Paulo do início do século, não apenas jornais negros, mas vários periódicos voltados a segmentos da população – muitos imigrantes –, aos quais denomina como "pequena imprensa".[13] Essas historiadoras retratam as mudanças na imprensa brasileira no período em que surgiam os jornais negros de São Paulo, demonstrando como grupos com interesses

---

13 CRUZ, Heloisa de Faria. *Na cidade, sobre a cidade: cultura letrada, periodismo e vida urbana*. Tese (doutorado) – Departamento de História da FFLCH-USP, São Paulo, 1994 (mimeo.) e MARTINS, Ana Luiza & LUCA, Tânia Regina de. *História da imprensa no Brasil*. São Paulo: Contexto, 2008.

políticos utilizavam periódicos para difundir suas ideias. *O Clarim da Alvorada* não era um fenômeno isolado, mas parte de uma opinião pública que tinha nos jornais um instrumento privilegiado para expressão.

Nesse sentido, seguiremos o caminho empreendido por Maria Helena Capelato e Maria Ligia Prado em *O bravo matutino: imprensa e ideologia no jornal "O Estado de São Paulo"*.[14] Aqui tomamos *O Clarim da Alvorada* como um periódico isento de neutralidade; a seleção dos temas que foram apresentados e a forma com que foram abordados demonstram que esse órgão de imprensa, assim como todos os outros, divulga o projeto de um grupo, muitas vezes aventado em suas páginas como o da sociedade em geral.

Não podemos ignorar, então, a capacidade de leitura dos jornalistas do periódico negro. José Correia Leite, editor-chefe, e Mario Vasconcelos, que se responsabilizou pela tradução e publicação de notícias internacionais, procuraram articular artigos, notícias e imagens referentes às experiências negras de São Paulo com aquelas divulgadas pelas fontes norte-americanas. *O Clarim da Alvorada* é fruto do esforço de interpretação da realidade de parte das lideranças negras paulistanas, que procuravam intervir nela a partir da mobilização de representações que estimulassem a organização política dos negros.

Assim, aqui não poderíamos prescindir dos recursos oferecidos pela teoria de Roger Chartier, que nos possibilita refletir sobre a prática jornalística de leitura de representações e apropriação de símbolos e ideias construídos em outro contexto

---

14 CAPELATO, Maria Helena & PRADO, Maria Lígia. *O bravo matutino: imprensa e ideologia no jornal "O Estado de São Paulo"*. São Paulo: Alfa Ômega, 1980.

nacional, evitando o argumento de influência exterior sobre um grupo passivo. A teoria do historiador francês entende que a representação "é o modo pelo qual em diferentes lugares e momentos uma realidade é construída, pensada, dada a ler por diferentes grupos sociais".[15] A representação não se opõe à realidade, é constituída por determinações sociais, tornando-se referência na classificação e orientação do real. Portanto, no processo de recepção da representação, esta pode ser apropriada por aqueles que a interpretam, produzindo sentidos que dependem da condição material em que são transmitidos. Os jornalistas de *O Clarim da Alvorada* não somente interpretaram as experiências negras norte-americanas enquanto leitores, como também as ressignificaram ao produzir representações nas páginas do jornal.

Se é possível examinarmos a recepção de notícias internacionais pelos jornalistas de *O Clarim da Alvorada*, a mesma tarefa apresenta dificuldades quando nos referimos aos seus leitores. Embora trabalhemos com dados que nos possibilitem entender a dimensão do periódico, como a tiragem do jornal, a distribuição, o preço da assinatura e os comentários de José Correia Leite, editor e fundador do jornal, não há registros sobre a prática de leitura de *O Clarim da Alvorada*. Dessa forma, nos esforçamos para preencher essa lacuna a partir da relação dos jornalistas negros com os ativistas paulistanos e os seus leitores. Portanto, destacamos a maneira como *O Clarim da Alvorada* nasceu e estabeleceu vínculos no interior de associações negras, influenciando e sendo influenciado pelas lideranças que emergiam entre a população negra da cidade de São Paulo.

---

15   CHARTIER, Roger. *A história cultural: entre práticas e representações*. Lisboa: Difel, 1990.

Enfim, pretendemos demonstrar, com a preocupação comum de não subestimar ou superestimar o objeto, o esforço dos jornalistas de *O Clarim da Alvorada* para publicar uma folha direcionada para a reflexão sobre a condição da população negra no Brasil por cerca de oito anos. O periódico negro sobreviveu com recursos restritos, dependendo muitas vezes das finanças dos próprios editores. As informações do *Chicago Defender* e do *Negro World* foram selecionadas e reinterpretadas por jornalistas negros que se ocupavam também com outras atividades profissionais, em geral as que garantiam o seu sustento, e que não estavam associadas diretamente ao exercício intelectual. Ao mesmo tempo em que se concentravam nas etapas de edição do jornal, ganhavam experiência nos procedimentos jornalísticos e na elaboração de uma retórica política. Nesse sentido, as imagens e símbolos retirados das experiências negras estrangeiras foram inseridos em um arranjo criativo dos jornalistas para um projeto de ascensão social de negros concebido enquanto o jornal se consolidava como instrumento político.

Assim, após definir as referências teóricas e metodológicas, apresentamos o modo como serão estruturados os capítulos deste livro. No capítulo I, contextualizaremos historicamente o surgimento do jornal *O Clarim da Alvorada*. Aqui, trataremos do aparecimento das primeiras associações recreativas negras na cidade de São Paulo, demonstrando como essas organizações foram fundamentais para a publicação dos primeiros periódicos da imprensa negra paulista e a mobilização de lideranças negras.

No capítulo II, analisaremos o debate dos jornalistas de *O Clarim da Alvorada* em busca da dignidade para os negros paulistas e brasileiros e em torno da proposta de uma identidade nacional que englobasse as experiências negras brasileiras. Dessa forma, abordaremos as mudanças no discurso do periódico no final da década de 1920. Com a publicação de artigos cada vez mais combativos em relação à condição da população negra paulistana, o jornal propôs uma narrativa histórica e promoveu a imagem da Mãe Preta como um mito fundador da nação brasileira.

Já no capítulo III, investigamos os significados da seleção de notícias sobre as experiências dos negros norte-americanos. Aqui, procuramos entender a maneira como as imagens sobre essas experiências foram construídas e articuladas de acordo com os interesses de *O Clarim da Alvorada*. Primeiramente trataremos da circulação de impressos negros dos Estados Unidos em redes transnacionais, depois da leitura dessas informações pelos jornalistas brasileiros.

No capítulo IV, exploraremos as questões relacionadas aos países africanos. Assim como propomos para o capítulo anterior, entenderemos como essas notícias que chegavam pelos jornais negros norte-americanos ajudaram a conceber uma identidade entre negros brasileiros, redefinindo a relação destes com o continente africano.

Capítulo I
Universo negro paulistano e o surgimento de *O Clarim da Alvorada*

NEGROS EM SÃO PAULO

Para se compreender a origem da imprensa negra e o seu significado histórico, é necessário antes atentarmos para as experiências dos negros na cidade de São Paulo. Diferentemente de cidades como Salvador, Rio de Janeiro e algumas outras regiões das Minas Gerais, a população negra aqui nunca foi predominante.[1] Acompanhando a tendência de todo o estado (província na época) a partir da primeira metade do século XIX, a cidade abrigou uma população de negros e mulatos que oscilou entre 30 a 40% da população geral a partir da década de 1830. Essa proporção se manteve até a década de 1870, período em que a escravidão chegava ao seu fim e os fazendeiros, políticos e outros deram início aos trâmites para atrair a mão de obra imigrante. Com a vinda em massa de trabalhadores estrangeiros, sobretudo da Europa, e com diminuição em seu

---

1 Sobre a escravidão em São Paulo no século XIX, ver WISSENBACH, Maria Cristina Cortez. *Sonhos africanos, vivências ladinas: escravos e forros em São Paulo (1850-1880)*. São Paulo: Hucitec, 1998 e MOURA, Denise A. Soares de. *Sociedade movediça: economia, cultura e relações sociais em São Paulo (1808-1850)*. São Paulo: Editora Unesp, 2006.

crescimento, a população negra no estado passou a representar apenas 10% do total da população paulista e da capital na primeira metade do século XX.[2]

Através de iniciativas particulares dos fazendeiros e do apoio do estado de São Paulo, foi estabelecida uma campanha paulista para atrair os trabalhadores imigrantes por meio de subsídios. Entre 1890 e 1914, esta política foi responsável pela chegada de 1,5 milhão de trabalhadores estrangeiros. Em um contexto onde reinava a ideologia da vadiagem e o racismo científico, os fazendeiros, políticos, cientistas manifestavam suas dúvidas sobre a capacidade dos trabalhadores brasileiros em desempenhar alguma tarefa que não fosse através da coerção. Para eles, além de melhor preparados para o trabalho livre, os imigrantes europeus, se em grande quantidade no país, poderiam colaborar para o embranquecimento do povo brasileiro.[3]

A questão da integração dos escravos à sociedade brasileira suscitou o debate acerca da formação de uma nação com um enorme contingente de negros. A elite e a intelectualidade brasileiras, influenciadas pelas teorias raciais do período, acreditavam na inferioridade inata de negros e mulatos, o que poderia comprometer a "evolução" social e econômica da nação. Nesse sentido, a crença na incapacidade biológica da população de ascendência africana preocupava alguns pensadores que temiam pelo futuro de um país com uma pequena população branca, fadado a se esmorecer em meio à "indolência" de seu povo. Entre médicos, juristas e políticos atormentados

2   FERNANDES, Florestan. *O negro no mundo dos brancos*. São Paulo: Global Editora, 2007, p. 161-167.

3   ANDREWS, George Reid. *Negros e brancos em São Paulo (1888-1988)*. Bauru: Edusc, 1998.

com a questão da raça, podemos destacar o crítico e ensaísta Silvio Romero e sua posição a favor da miscigenação, tratada pelas teorias raciais mais ortodoxas como um processo de degeneração. Ao invés de considerar o resultado do cruzamento entre brancos e negros como um processo comprometedor, defendia que a mistura poderia eliminar a inferioridade do elemento negro com o passar do tempo.[4]

Nesse sentido, a imigração, com a intensa afluência de trabalhadores europeus, contribuiu decisivamente para a marginalização dos trabalhadores nacionais, entre eles uma parcela considerável da população negra. Se os operários e lavradores imigrantes penavam com as condições de trabalho e com os baixos salários, a tendência para os negros foi a do subemprego, do trabalho doméstico ou a miséria nas ruas. O sonho de liberdade anunciado pela abolição da escravatura em 1888 se dissipou em meio a uma modernização acompanhada por uma despreocupação das elites em disseminar a cidadania pela sociedade brasileira.[5]

O processo de exclusão em relação ao sistema político de grande parte da população acabou agravando as tensões sociais, e a jovem República testemunhou uma série de revoltas populares nas zonas rurais e urbanas. Em 1904, a Revolta da Vacina no Rio de Janeiro foi exemplo do tratamento truculento das autoridades governamentais dispensado às classes populares. Usando o discurso científico como instrumento de legitimação, o governo brasileiro empregou uma ofensiva contra os cortiços

---

4   Sobre Silvio Romero e teorias raciais ver SCHWARCZ, Lilia Moritz. *O espetáculo das raças: cientistas, instituições e questão racial no Brasil – 1870-1930*. São Paulo: Companhia das Letras, 2007.

5   Ver CARVALHO, José Murilo de. *Os bestializados: o Rio de Janeiro e a República que não foi*. São Paulo: Companhia das Letras, 2002.

da cidade para vacinar a população. Contudo, foi obrigado a enfrentar uma reação violenta que eclodiu não somente por conta da campanha pela vacina, mas também pela precariedade das condições sociais e econômicas na cidade.[6]

Em São Paulo, parte da insatisfação dos populares se revelou através de paralisações de operários que culminaram com a Greve Geral de 1917. Este evento contou com uma participação decisiva de lideranças imigrantes, que predominavam entre o operariado de São Paulo, principalmente na indústria têxtil. As principais reivindicações estavam relacionadas com as más condições do ambiente de trabalho e com a regularização das relações entre empregados e empregadores.[7]

Contudo, as experiências políticas dos setores populares não se restringiram aos movimentos de operários. Elas se manifestaram também na organização de sociedades beneficentes e assistencialistas fundadas pelas comunidades imigrantes. Como o Estado ainda não havia instituído uma entidade para gerenciar o serviço social, os auxílios para as famílias mais pobres partiram de iniciativas privadas.[8] As comunidades italianas, judias, portuguesas, libanesas, entre outras, concentraram esforços para levantar recursos para tratar de doentes, mulheres grávidas e, até mesmo, educar trabalhadores para que pudessem se integrar ao mercado.

---

6   SEVCENKO, Nicolau. *A Revolta da Vacina: mentes insanas em corpos rebeldes*. São Paulo: Scipione, 1993.

7   Sobre a organização do operariado no início do século XX ver ALVIM, Zuleika M. F. *Brava gente!: os italianos em São Paulo*. São Paulo: Brasiliense, 1986 e PINHEIRO, Paulo Sérgio. *Classe operária no Brasil: condições de vida e de trabalho, relações com os empresários e o Estado*. São Paulo: Brasiliense, 1981.

8   IAMAMOTO, Marilda Villela & CARVALHO, Raul de. *Relações sociais e serviço social no Brasil: esboço de uma interpretação histórico-metodológica*. São Paulo Cortez/Celats, 1998.

Parte desses esforços se traduziu também na criação de instituições culturais e recreativas. O processo de urbanização e industrialização da cidade foi acompanhado pela instituição de espaços dedicados ao lazer. Clubes sociais e atléticos reforçavam os laços políticos e identitários das comunidades imigrantes através da promoção de bailes e de eventos esportivos. O Palestra Itália, clube esportivo criado no ano de 1914, segundo José Araújo, se transformou em um dos ícones da italianidade em São Paulo, promovendo o sentimento de pertença dos imigrantes italianos à sociedade brasileira através da redefinição de uma imagem estereotipada existente: a de que eram arruaceiros os imigrantes na cidade.[9]

Essas organizações baseadas numa cultura étnica, contudo, não ficaram restritas às populações de origem estrangeira. Conforme observa Carlos Santos, para as primeiras décadas do século XX, "nem tudo era italiano" em São Paulo.[10] A minoria negra também trilharia o caminho do associativismo. À medida que as camadas populares se apropriavam de alguns espaços da cidade, os negros paulistanos criavam suas instituições, pois sofriam restrições nos eventos organizados pelas associações de brancos nacionais e imigrantes.[11] Sociedades carnavalescas, recreativas, dançantes, além dos grupos religiosos especificamente negros, revelavam o modo como as ideias de raça e nacionalidade permeavam o imaginário da sociedade paulistana no início do século XX.

---

9   ARAÚJO, José Renato de Campos. *Imigração e futebol: o caso Palestra Itália*. São Paulo: Editora Sumaré/Fapesp, 2000.

10 SANTOS, Carlos José Ferreira dos. *Nem tudo era italiano: São Paulo e pobreza (1890-1915)*. São Paulo: Annablume/Fapesp, 2003.

11 BUTLER, Kim. *Freedoms given, freedoms won: afro-brazilians in post-abolition São Paulo and Salvador*. New Brunswick: Rutgers University Press, 1998, p. 82.

A organização em torno de entidades já havia sido uma experiência política comum para as populações negras no período da escravidão. As irmandades religiosas, por exemplo, foram fundamentais para o estabelecimento de laços de solidariedade entre escravos sob olhares das autoridades escravocratas. Através de cerimônias religiosas, "vigiadas" pelos padres católicos, os negros puderam criar uma margem de negociação com os seus senhores, transformando eventos sagrados permeados por elementos religiosos africanos em momentos lúdicos com traços profanos.[12]

No caso da cidade de São Paulo, a Irmandade de Nossa Senhora do Rosário dos Homens Pretos foi fundada em 1711, concluindo a construção de sua igreja por volta de 1730. Em 1904, ano em que foi obrigada a se transferir do Largo do Rosário para o Largo do Paissandu, devido ao processo de "modernização" do espaço urbano, já era uma instituição tradicional entre os negros católicos da cidade, servindo de referência para a organização de entidades negras de outros gêneros.[13]

Nas primeiras décadas do século XX, a diversidade se manifestava entre os negros da cidade. Ainda que fosse uma minoria se comparada com a totalidade da sociedade paulistana, a população negra conservava certa heterogeneidade. Entre aqueles que frequentavam as diferentes instituições negras, existiam os que estavam ligados às famílias negras que habitavam a cidade desde o período anterior à abolição da escravatura, e os que

---

[12] Sobre irmandades católicas de escravos ver SOUZA, Marina Mello e. *Reis negros no Brasil escravista: história da festa de coroação de Rei Congo*. Belo Horizonte: Editora UFMG, 2002.

[13] AMARAL, Raul Joviano. *Os pretos do Rosário de São Paulo*. São Paulo: João Scortecci Editora, 1991.

chegavam à cidade através de correntes migratórias das zonas rurais dos estados de São Paulo, Rio de Janeiro e Minas Gerais. Por outro lado, a população negra, mesmo vivendo majoritariamente nas áreas miseráveis de São Paulo, se ocupava em diferentes postos no mercado de trabalho, manifestando diferentes expectativas em relação à possibilidade de ascensão social.

Muitos negros paulistanos se concentraram na Bela Vista, vivendo nos porões alugados pelas famílias de imigrantes do mesmo bairro. Por volta de 1910, parte dessa população se deslocou para o bairro da Barra Funda, se ocupando dos trabalhos pesados de carregamento de alimentos e das atividades domésticas em casas de famílias abastadas – a região de Higienópolis, por exemplo. Esses deslocamentos explicam o surgimento nesses bairros das primeiras instituições negras do período pós-abolição. No eixo entre a Bela Vista e a Barra Funda se concentrou a maioria das sociedades e clubes negros paulistanos.

Algumas associações e grupos, ainda que formados por pessoas da mesma localidade, estavam associados mais a uma cultura popular negra, enquanto outros tendiam a expressar códigos e condutas associados à cultura dominante paulistana. No caso dos populares, podemos citar as rodas de samba e as cerimônias religiosas de origem africana, conhecidas em São Paulo como *macumbas*. Ambas as expressões da cultura negra paulistana eram alvos da perseguição policial. Os negros que frequentavam as rodas de samba nas ruas da cidade, principalmente na Barra Funda, foram os principais personagens da construção de imagens estereotipadas sobre a população negra paulistana. Estes geralmente se reuniam em botequins para tocar os seus instrumentos e dançar, regados pelo consumo de bebidas alcoólicas. Quando um lugar passava a ser inspecionado com frequência pela polícia, os sambistas eram obrigados a procurar outro. Os encontros dos populares negros, contudo, eram espontâneos e, além de nas esquinas da cidade, se realizavam também nos quintais das residências dos sambistas.[14]

Na década de 1910, surgiu a maioria das instituições negras relacionadas com o samba e com o carnaval. Em 1914, Dionísio Barbosa fundou o Grupo Carnavalesco Barra Funda, primeiro cordão de carnaval da cidade de São Paulo. Os seus membros, que organizavam eventos festivos durante o ano para arrecadar dinheiro para o desfile, usavam camisas verdes, calças brancas e chapéus de palha, e eram conhecidos como "camisas verdes". Em 1917, também na região da Barra Funda, foi fundado o Grupo Carnavalesco Campos Elísios. Estes dois grupos eram os mais organizados, regidos por estatutos e compostos por sócios que pagavam mensalidades.

O que é interessante para nós aqui é a figura responsável pela fundação do Grupo Carnavalesco Campos Elísios: Argemiro Celso Vanderlei. Além de se ocupar em atividades no universo do samba paulistano, ele circulava entre as lideranças negras que surgiam na cidade, publicando o jornal *Progresso* a partir de 1928. Neste sentido, Vanderlei entrou em contato com ambientes de uma parcela da população negra que não era tão afeita às expressões populares e associadas à cultura de matriz africana na cidade de São Paulo. Este grupo, embora vivendo nas mesmas localidades, tinha expectativas diferentes com relação à ascensão social. Os clubes recreativos e as sociedades dançantes foram os espaços onde essa "elite" negra procurou criar um universo distinto do resto da população. Argemiro Celso Vanderlei, por exemplo, não era um trabalhador

---

14 BUTLER, Kim D. *Op. cit.*, p. 79-82.

informal ou doméstico, e sim um funcionário da companhia telefônica que fazia parte de uma pequena parcela de negros que detinha cargos, ainda que secundários, no funcionalismo público. Nos registros das colunas sociais dos jornais da imprensa negra da década de 1920, Vanderlei era uma figura constante nos bailes organizados pelos clubes recreativos negros.

A primeira instituição desta natureza na cidade de São Paulo foi fundada no ano de 1904 com o nome de Luvas Pretas. Assim como os demais clubes e associações de imigrantes, ela promovia atividades lúdicas como bailes, concursos de danças, piqueniques e encenações teatrais. O grêmio recreativo Luvas Pretas inaugurou um período de popularização de sociedades dançantes e clubes sociais de diferentes gêneros entre a população negra paulista. Segundo a historiadora Kim Butler, cerca de 20 associações foram criadas entre as décadas de 1910 e 1920.[15] Algumas delas não duraram por muito tempo, contudo outras seguiram adiante e se tornaram referência não somente para as pessoas interessadas em entretenimento, mas também para aquelas interessadas na organização política dos negros da cidade. O Centro Recreativo Kosmos, o Brinco da Princesa, o Centro Recreativo Smart e a Elite Flor da Liberdade foram os grêmios recreativos mais tradicionais da época. O Grêmio 28 de Setembro, situado na cidade de Jundiaí, conseguiu sobreviver por todo o século XX.

Associações como essas tiveram importância fundamental, pois promoviam a congregação entre os negros aspirantes à ascensão social na capital. Foi justamente entre os bailes ritmados pela valsa e pelo jazz que eles recriaram os seus laços

---

15 *Ibidem*, p. 82.

de solidariedade em meio aos espaços étnicos da cidade de São Paulo. Estas atividades, associadas aos piqueniques pelo interior do estado e às quermesses, criaram redes por onde a população negra estabelecia os seus próprios códigos culturais, estéticos e políticos, redefinindo uma identidade negra para o contexto pós-abolição na sociedade paulistana. Aqui é necessário salientarmos que a população negra da cidade de São Paulo não viveu a experiência da segregação racial, como ocorreu com os negros nos Estados Unidos. O aparecimento das instituições negras foi uma resposta a um padrão de racismo brasileiro distinto da sociedade norte-americana. Se a promoção da imigração europeia pautada pela ideia de embranquecimento marginalizava grande parte da população negra, iniciativas coordenadas por essas associações "produziram o conceito de nós negros".[16] O surgimento dos grêmios recreativos pode ser considerado como o primeiro passo para a concepção de um projeto de ascensão social para a população negra de São Paulo criado pelos próprios negros.

IMPRENSA NEGRA

Os clubes sociais, as sociedades dançantes, entre outros espaços do mesmo gênero, ganham maior importância se levarmos em consideração o fato de que a imprensa negra paulista nasceu justamente nesses ambientes. Os jornais publicados pelos "homens de cor" foram criados, primeiramente, para trazer aos seus leitores informações relacionadas aos eventos promovidos pelos grêmios recreativos. Com suas páginas recheadas de notas de casamentos, falecimentos e batizados, os periódicos

---

16 DOMINGUES, Petrônio. *Uma história não contada: negro, racismo e branqueamento no São Paulo pós-abolição.* São Paulo: Editora Senac, 2004.

negros revelavam um pouco da natureza da imprensa brasileira e, principalmente, da imprensa paulistana daquela época. A "pequena imprensa", que se diferenciava das grandes publicações que já haviam delineado os seus contornos empresariais, servia como um instrumento para a manifestação de minorias que não conseguiam expressar as suas vozes nos jornais de grande circulação. O *Al Maranarat*, da comunidade sírio-libanesa, e o *Fanfulla*, popular entre os ítalo-brasileiros, também circulavam em São Paulo na primeira década do século XX, trazendo informações sobre as experiências dos imigrantes.[17]

O primeiro jornal da imprensa negra publicado foi *A Pátria*, no ano de 1899. Contudo, só podemos falar de uma sequência de periódicos negros a partir da publicação de *O Menelick*, em 1915. O título da folha fazia referência ao rei da Etiópia, Menelick II, responsável pela expansão do território do país e morto em 1913.[18] O jornal, conforme sugerem os trabalhos acadêmicos, não passou de seu segundo número. Ao que parece, padeceu de um mal que afligiria as outras publicações da imprensa negra paulista: a carência de recursos financeiros. Embora as inovações técnicas no início do século XX diminuíssem os custos para a impressão de jornais, o processo ainda parecia oneroso para os editores da imprensa negra. Mesmo que abrissem espaço para o anúncio de fortificantes e escritórios de advocacia, essas publicações não atingiam a autossuficiência financeira. Ao fim e ao

---

17   CRUZ, Heloisa de Faria. *Na cidade, sobre a cidade: cultura letrada, periodismo e vida urbana*. Tese (doutorado) – Departamento de História da FFLCH--USP, São Paulo, 1994 (mimeo.).

18   Sobre a imprensa negra paulista ver BASTIDE, Roger. *Estudos afro-brasileiros*. São Paulo: Perspectiva, 1973 e FERRARA, Miriam Nicolau. *A imprensa negra paulista (1915-1963)*. Dissertação (mestrado) – FFLCH-USP, São Paulo, 1986.

cabo, grande parte dos exemplares acabava sendo distribuído gratuitamente em eventos dos grêmios recreativos. Os jornalistas dessa imprensa artesanal circulavam entre os salões de festas dando alguns palpites sobre a vida alheia, e até mesmo perseguindo algumas das pessoas que costumavam frequentar esses eventos organizados pelos grêmios recreativos e fugiam dos padrões de comportamento dominantes. Os jornais, que tinham em média quatro páginas, homenageavam as figuras mais ilustres desses ambientes e reservavam as duas últimas páginas para criticar as vestimentas e a conduta de alguns dos sócios dessas instituições que "passavam dos limites". Roupas que mostravam mais do que deveriam e o excesso no consumo de bebida alcoólica estavam entre as faltas mais graves que alguém poderia cometer. Frequentar bailes em que a música estava associada aos populares negros também não era recomendável, como insistia o jornal *A Liberdade:*

> As sociedades recreativas que queiram a sua boa ordem e respeito durante os ensaios não devem aceitar como sócias e convidadas as senhoras que tem dançado maxixe no Colombo. No próximo número, *A Liberdade* vai encetar sua campanha contra estas pessoas, dando a notícia da sociedade onde dança, seu nome e endereço.[19]

Especialistas que analisaram a imprensa negra paulista, como o sociólogo Roger Bastide e a antropóloga Miriam Nicolau Ferrara,

---

19 "O pessoal do Colombo". *A Liberdade*, São Paulo, 14 de julho de 1919, p. 2.

dividiram-na entre uma fase de "mexericos" e outra "combativa".[20] A primeira foi marcada justamente pelos jornais que privilegiavam as notícias dos eventos dos clubes recreativos, se estendendo até meados da década de 1920. Entre eles podemos destacar *O Bandeirante* (1918), *O Alfinete* (1918) e *A Liberdade* (1919). Os dois primeiros foram criados por membros de clubes sociais que estavam preocupados em divulgar notícias das entidades das quais participavam. Já *O Alfinete,* como sugere o título, circulava entre os clubes, debochando, muitas vezes, de pessoas que não se identificavam com os códigos e valores da "elite negra", mas que estavam eventualmente presentes nos eventos dos clubes recreativos.

Essas publicações tinham em comum o fato de todas terem sido criadas por pessoas que ocupavam cargos militares ou do funcionalismo público. Joaquim Cambará, responsável por *O Bandeirante* e presidente do Grêmio Recreativo Kosmos, era militar de baixa patente. Augusto Eusébio de Oliveira, fundador e redator de *O Alfinete*, se apresentava como solicitador, função que agregava atribuições de advogado e procurador. Já Gastão Rodrigues da Silva dirigia o jornal *A Liberdade* e presidia o Club Smart, tirando sua renda do cargo de fiscal municipal. Todos eles eram referências importantes do restrito universo da "elite negra" paulistana, organizando e divulgando os eventos que ajudavam a definir o estilo de vida de negros que experimentavam relativa ascensão social.

Seria, contudo, incorreto afirmar que esses jornalistas de "periódicos de mexericos" não tivessem preocupação em publicar informações de natureza política ou social que interessavam aos negros paulistanos. Já é possível encontrar nesses jornais o

---

20 Ver BASTIDE, Roger. *Estudos afro-brasileiros... Op. cit.* e FERRARA, Miriam Nicolau. *Op. cit.*

tipo de abordagem que seria comum na imprensa negra paulista a partir de meados da década de 1920. Na sua edição de agosto de 1918, *O Bandeirante* publicou uma nota de repúdio ao modo como o *Diário Popular* havia retratado a eleição de um deputado negro pelo estado de Sergipe. O jornalista desta folha havia se indignado com o fato de os sergipanos terem elegido um homem negro, o que expressava, para ele, a falta de capacidade do eleitorado brasileiro. *O Bandeirante* tratou de defender não somente o deputado, mas todos os negros de destaque na sociedade brasileira. Ou seja, todos aqueles que seguiam os valores da "elite negra paulistana" e as classes dominantes:

> Não é este o primeiro deputado que toma assento em nosso Congresso Nacional, e nem será o último, graças à nossa evolução social.
>
> Homens de cor estão em todas as camadas sociais desempenhando importantíssimas funções e têm dado brilhantes exemplos da sua cultura e competência, sendo desnecessário citá-los neste mesmo artigo.
>
> O nosso país muito deve a seus filhos ilustres, pois repleto está de nossa história, de atestados dos nossos valores. São tão frisantes e palpáveis que, quem quiser, por ignorância ou por meio de capricho contrariar minha asserção, terá que curvar-se e render homenagem à verdade.[21]

---

21 "Deputado de cor". *O Bandeirante*, São Paulo, agosto de 1918, p. 2.

Ainda que a preocupação dessas lideranças fosse, em um primeiro momento, a de organizar parte dos negros paulistanos a partir de eventos festivos, elas não se furtavam em discutir os problemas sociais que afligiam a população negra. Não poderiam considerar a questão da ascensão social do negro apenas como uma assimilação de valores das classes dominantes, mas também como uma denúncia de práticas de preconceito racial na sociedade brasileira. Afinal, mesmo que não fizessem parte dos níveis mais altos do funcionalismo público, tinham a noção de que ao conquistar uma simples ocupação nas repartições, ainda que através do apadrinhamento, era necessário lidar com as imagens estereotipadas sobre a população negra, conforme *O Alfinete:*

> O estado lamentável em que jazem homens de cor no Brasil, oprimidos de um lado pelas ideias escravocratas, que de todo não desapareceram do nosso meio social, e de outro pela nefasta ignorância em que vegeta este elemento da raça brasileira, inconsciente da sua humilde situação moral, impõe uma reação salutar para que possam em dias futuros ter a consciência lúcida dos seus direitos compuscados, da lei asfixiada e estrangulada e a justiça vilipendiada.[22]

A partir da década de 1920, surgiram as primeiras publicações da imprensa negra com uma abordagem predominantemente combativa. A primeira delas foi o *Getulino,* da cidade de Campinas. Criado em 1923 pelos jornalistas Gervásio de Moraes e Lino Guedes,

---

22 "Para os nossos leitores". *O Alfinete*, São Paulo, 22 de setembro de 1918, p. 1.

o jornal dedicou grande parte de suas páginas à denúncia de algumas práticas de discriminação racial e à pregação da integração do negro à sociedade brasileira por meio da miscigenação.[23] Sem prescindir das colunas sociais da comunidade negra da cidade, o *Getulino* privilegiou os artigos que discutiam a questão do negro na sociedade brasileira. Já nas primeiras edições, a publicação campineira trazia textos sobre o papel do escravo na sociedade escravocrata e a abolição da escravatura. Evaristo de Moraes, colaborador do jornal, advogado, ativista trabalhista e figura fundamental da rede que se formava entre os negros do estado de São Paulo, se destacou por publicar textos históricos na folha campineira, demonstrando seu vasto conhecimento sobre as obras que tratavam da população negra brasileira, como a de Silvio Romero, e sobre os registros oficiais da escravidão. O *Getulino* também publicou folhetins com a mesma temática na coluna "Cenas do cativeiro", destacando-se a obra *Boa Severina* de José de Nazaré, que trazia relatos do cotidiano dos escravos.

A publicação campineira não foi importante somente por inaugurar uma fase "combativa" da imprensa negra paulista, mas também por reforçar os laços de solidariedade entre lideranças negras de cidades do interior, entre elas Piracicaba, Limeira, Jundiaí, que haviam sido importantes áreas de produção agrícola para exportação. O circuito dos ativistas negros não se restringia à cidade de São Paulo, muitos circulavam pelo interior do estado frequentando eventos recreativos e educativos

---

23 Sobre a imprensa negra e militância em Campinas ver MIRANDA, Rodrigo. *Um caminho de suor e letras: a militância negra em Campinas e a construção de uma comunidade imaginada nas páginas do Getulino (Campinas, 1923-1926)*. Dissertação (mestrado) – Departamento de História do IFCH/Unicamp, Campinas, 2005 (mimeo.).

das comunidades negras. Era muito comum nas páginas dos jornais negros daquele período a publicação de notas sobre festejos, encontros e as informações sobre novos periódicos de outras cidades, sempre celebrando os sinais de empreendedorismo dos negros paulistas.

O que percebemos aqui é justamente a formação de uma rede de ativistas negros que tinha como centro a cidade de São Paulo. Por volta de 1926, ano em que o *Getulino* deixou de existir por conta de dificuldades financeiras, os jornalistas da publicação campineira se mudaram para São Paulo, onde passaram a ocupar um espaço importante entre as lideranças da cidade como colaboradores na imprensa negra paulistana. Lino Guedes e Gervásio de Moraes, por exemplo, logo passaram a publicar artigos em *O Clarim da Alvorada*. Já Benedito Florêncio, além de colaborar com jornais da capital, se destacaria como excelente orador nos eventos organizados pelos clubes sociais da "elite negra".

Lino Guedes, após publicar seus artigos nas páginas de *O Clarim da Alvorada*, se juntou ao presidente do Grupo Carnavalesco Campos Elísios, Argemiro Celso Vanderlei, já citado, para publicar o jornal *Progresso* entre 1928 e 1931. Nesse sentido, *O Clarim da Alvorada* não foi a única referência do período "combativo" da imprensa negra paulista. *Getulino*, *Progresso* e a *Voz da Raça* (1933), além de outros periódicos com período curto de vida como *Auriverde* (1928) e *Brasil Novo* (1933), ajudaram a compor o panorama político da comunidade negra entre as décadas de 1920 e 1930. O que observaremos adiante é justamente a importância de *O Clarim da Alvorada* como um notável veículo do projeto e das reivindicações de parcela dos negros paulistanos.

O ALVORECER DO *CLARIM*

No dia 6 de janeiro de 1924, Jaime de Aguiar e José Correia Leite lançaram a primeira edição do jornal *O Clarim da Alvorada*. Em sua primeira página, logo no cabeçalho, a publicação trazia a informação em seu subtítulo de que se dedicaria a ser um órgão literário, científico e político. Já na apresentação do jornal aos leitores, os editores traçavam um panorama positivo da economia de São Paulo, em que a indústria, a agricultura e o comércio progrediam. Os dois rapazes inexperientes, de acordo com eles mesmos, e eufóricos com o processo de modernização da capital paulista, procuraram demonstrar a intenção de publicar um jornal de qualidade e que agradasse aos seus leitores.[24]

Entretanto, em suas duas primeiras páginas, *O Clarim da Alvorada* não deixou claro a que tipo de leitores se referia. Embora apresentasse uma biografia do poeta negro Cruz e Souza e um artigo que clamava pela organização de instituições para acompanhar o progresso da nação, o jornal não definiu o público-alvo a ser atingido por suas mensagens. Em sua última página, inclusive, *O Clarim da Alvorada*, como era comum entre a imprensa da época, reproduziu dois textos em português macarrônico, fazendo uma sátira do modo como os imigrantes italianos falavam. Entre os nove textos publicados, somente um, escrito por José Correia Leite, fazia referência a um sujeito social: o negro. O jornalista novato tratava da desorganização entre os "homens de cor" e da necessidade de se criar uma sociedade beneficente para ajudá-los. Este é o detalhe que nos permite inferir que esse era um periódico voltado predominantemente para a comunidade negra de São Paulo.

---

24 *O Clarim da Alvorada*, São Paulo, 6 de janeiro de 1924, p. 4.

É desta maneira que nasce a publicação mais duradoura da imprensa negra paulista, permanecendo ativa por oito anos e com uma tiragem média de 2.000 exemplares por edição. Em sua trajetória, *O Clarim da Alvorada* surgiu como um jornal vinculado a instituições recreativas que privilegiava textos literários, transformando-se, em poucos anos, em um órgão representativo das lideranças políticas negras da cidade de São Paulo. Em meio a esse processo, Jaime de Aguiar e José Correia Leite atraíram outros jornalistas e ativistas de entidades negras para a publicação de artigos e a organização de campanhas para reforçar os laços entre a população negra paulista.

Embora seja reconhecido como jornal de cunho político na defesa da causa negra, *O Clarim da Alvorada* não nasceu com a preocupação de ser um periódico combativo. Em seu primeiro ano, as páginas foram dedicadas às publicações de contos e poemas. Os temas preponderantes nas primeiras edições foram as histórias de amor e os contos sobre figuras tradicionais da cidade, que se transformavam em um ritmo acelerado. Em sua autobiografia, José Correia Leite, de forma nostálgica, comenta o assunto:

> Concordei com o nome que ele [Jaime de Aguiar] sugeriu: Clarim, fui à tipografia para saber o preço de um milheiro. Foi uma alegria quando saiu o primeiro número. Era pequenininho, sem conotação política ou qualquer ideia da comunidade negra. Era um jornal de notícias literárias, embora eu não fosse literato e mal tivesse acabado de ter as primeiras noções de gramática [...].[25]

---

25 LEITE, José Correia. *E disse o velho militante José Correia Leite*. São Paulo: Noovha América, 2007, p. 29.

A trajetória do jornal paulistano de um órgão literário, noticioso e humorístico para uma organização de interesse dos homens negros, pode ser melhor compreendida a partir da relação entre os dois fundadores do periódico. Jaime de Aguiar e José Correia Leite não se conheceram na fase adulta ou em meio a um evento de ativistas negros, e sim durante a infância. Os dois jornalistas formaram uma das parcerias mais duradouras da imprensa negra paulista, mas trilharam caminhos distintos que revelam dois perfis muito diferentes.

José Benedito Correia Leite nasceu na cidade de São Paulo no dia 23 de agosto de 1900. Seu pai, um homem branco, não reconheceu a paternidade dos filhos, e a sua mãe, Dona Ricarda, filha de escravos, trabalhava como empregada doméstica. Como tinha longos expedientes na casa de seus patrões, era obrigada a deixar Leite e a irmã na casa de outras pessoas.

Durante a sua infância, José Correia Leite vivia perambulando pelos cortiços do bairro do Bixiga à procura de emprego ou de alguém que lhe introduzisse às primeiras letras. Ele trabalhou como entregador de marmitas, carpinteiro e até mesmo como menino de recados.[26]

Após a mudança da família da Rua Marques Leão para a Rua Treze de Maio, Leite passou a viver enfim a partir do próprio esforço, uma vez que sua mãe não se encontrava bem psicologicamente, "perdera o juízo de vez", segundo ele mesmo afirmara. Em sua autobiografia, José Correia Leite não dá detalhes dos problemas enfrentados por sua mãe, apenas diz que esse foi o período em que ele procurou por uma escola, já que a curiosidade lhe atiçava e a ignorância incomodava. A sua

---

26 *Ibidem.*

primeira tentativa foi em uma escola particular mista, dirigida por uma professora. José Correia Leite, ainda criança, ofereceu o seu trabalho na limpeza da escola em troca de sua alfabetização e a professora o aceitou, mesmo sem nada saber sobre os seus pais e sua origem.

Entretanto, a vontade de José Correia Leite de aprender a ler não foi satisfeita tão cedo. A escola que lhe ofereceu a primeira oportunidade de entrar em contato com as letras fechou porque a sua professora havia passado por uma desilusão amorosa e resolveu se mudar para o interior do estado. Os livros com histórias de Sherlock Holmes e Buffalo Bill, que enfeitavam o porão da casa de um de seus amigos e tanto despertaram o seu desejo pela leitura, deixaram de ser uma realidade próxima e se transformaram em mais uma das imagens de uma infância frustrada.

Com a ausência da mãe, José Correia Leite continuou a fazer pequenos serviços. Sem mencionar datas, ele comenta a ocasião em que viveu com uma família italiana, entregando lenha e cuidando das crianças. Leite trata desta experiência como fundamental, já que foi a partir dela que tomou maior contato com a comunidade italiana do bairro do Bixiga. Segundo ele mesmo sugere, parte da sua identidade negra foi construída a partir de uma série de situações desconfortáveis relacionadas ao "preconceito de cor" vividas entre os italianos.[27] Embora participasse de muitas atividades daquela comunidade, os italianos impunham alguns limites a Leite: mulheres e homens não viam com bons olhos o fato de um mulato, ou seja, um não branco, dançar com as damas italianas.

---

27   *Ibidem*, p. 27.

A vivência com os italianos, contudo, não afastou José Correia Leite dos negros que viviam no bairro. Foi durante a sua infância que conheceu Jaime de Aguiar. Em seu relato sobre os momentos de brincadeiras com o futuro parceiro de jornalismo, Leite não se aprofunda muito, mas faz questão de diferenciar o seu perfil do de Aguiar. O amigo, diferentemente dele, tinha pai e mãe, o que permitia que ele ingressasse na escola de maneira regular. Além disso, Jaime de Aguiar tinha como protetores membros de uma família de antigos escravocratas, por iso não é estranho o fato de ele ter estudado em um bom colégio como o Coração de Jesus.

Pelo que percebemos, José Correia Leite costumava brincar com certa regularidade com Jaime de Aguiar, já que reclamou em sua autobiografia das interrupções da diversão para que o amigo se aprontasse para ir para a escola. Com um certo ar de desdém, ele comenta que Aguiar "saía com o colarinho engomado" para estudar. Contudo, essa relação não se estendeu para além da infância dos dois garotos; Leite não faz nenhuma menção à presença de Aguiar durante a sua adolescência. O amigo e colega de jornalismo reaparece somente a partir do momento que ele se iniciara nos bailes dançantes das sociedades negras.

O reencontro entre os dois logo resultaria na criação do jornal *O Clarim da Alvorada*. Jaime de Aguiar, o grande entusiasta do projeto, vinha pensando na publicação de um periódico literário, mas, de acordo com José Correia Leite, ele precisava de alguém de confiança para levá-lo adiante. Aguiar convidou o seu antigo amigo e ainda lhe ofereceu algumas aulas de leitura e escrita, já que Leite ainda não havia conseguido frequentar a escola de maneira efetiva.

Aguiar se preocuparia com a redação e a seleção de textos e José Correia Leite com a tipografia, já que não tinha ainda conhecimento suficiente para avaliar bem os artigos e poemas enviados ao jornal. Ainda assim, a primeira edição de *O Clarim da Alvorada* traria um artigo atribuído a ele, revelando desde o início o seu tom combativo e a sua preocupação com a criação de uma solidariedade entre os negros da cidade.

Ao estrear no dia 6 de janeiro de 1924, o jornal ainda não ostentava o título que o tornaria famoso entre as associações da comunidade negra. O periódico de Jaime de Aguiar e José Correia Leite surgiu apenas como *Clarim*. Porém, para fugirem da acusação de plágio, pois havia um jornal de mexericos com o mesmo título, foram obrigados a acrescentar o termo *Alvorada* a partir da quinta edição. Havia uma outra sugestão dada por um colega de trabalho de Aguiar que era a de chamar o jornal de *O Clarim da Vitória*, mas Leite e Aguiar a descartaram, pois não tinham nenhuma razão para utilizar o termo.[28] "A vitória ainda deveria ser conquistada".

As mudanças fazem parte dos periódicos e revelam a intenção dos editores de construírem um jornal atraente e de se adequarem às transformações ou exigências do público; por exemplo, as características gráficas do jornal mudaram ao longo do tempo. Em seu primeiro ano, o jornal apresentava três colunas e quatro páginas, assim como os demais periódicos da imprensa negra paulista. No cabeçalho, o título vinha acompanhado de um subtítulo à esquerda com os dizeres: "órgão, literário, científico e humorístico". O subtítulo passaria a ser colocado sob o título a partir da mudança do nome do jornal. O padrão de quatro

---

28 *Ibidem*, p. 43.

colunas, embora tivesse algumas exceções durante as edições comemorativas, como as da abolição da escravatura e da lei do Ventre Livre, seguiu até o ano de 1929, período a partir do qual o jornal passaria a ter seis. O mesmo podemos dizer sobre o número de páginas, que seguiu com quatro até 1928 e passou a variar entre quatro e seis até 1932.

Com relação às propagandas, as edições até o ano de 1929 não tinham mais do que quatro anúncios, com exceção daquelas comemorativas, que destinavam às vezes duas páginas à publicidade. Assim sendo, os anúncios nunca se transformaram em uma fonte rentável para *O Clarim da Alvorada*. Embora percebamos a presença constante de propagandas de produtos como Biotônico Fontoura e de escritórios de advocacia, o jornal dependeu na maioria das vezes dos recursos dos próprios jornalistas. Em algumas edições podemos acompanhar a cobrança a alguns assinantes, entretanto, mesmo que o jornal chegasse a cidades do interior, a falta de regularidade no pagamento de assinaturas acabava gerando prejuízo. Abaixo, reproduzimos uma tabela que compara o preço de *O Estado de São Paulo* às publicações da imprensa negra paulista. O preço avulso era o mesmo, mas a diferença residia nos pacotes para os assinantes:

Jornal	Valores em réis no ano de 1924			
	Anual	Semestral	Avulso	Periodicidade
O Estado de São Paulo	40$000	22$000	$200	Diária
Elite	5$000	3$000	$200	Quinzenal
O Clarim da Alvorada	Sem dados	2$500	$200	Mensal
O Kosmos	5$000	3$000	$200	Mensal
Getulino	12$000	7$000	$200	Semanal

Fonte: MIRANDA, Rodrigo. *Um caminho de suor e letras: a militância negra em Campinas e a construção de uma comunidade imaginada nas páginas do Getulino (Campinas, 1923-1926)*. Dissertação (mestrado) – Departamento de História do IFCH/Unicamp, Campinas, 2005 (mimeo.), p. 59

Figura 1: *O Clarim da Alvorada* de janeiro de 1927

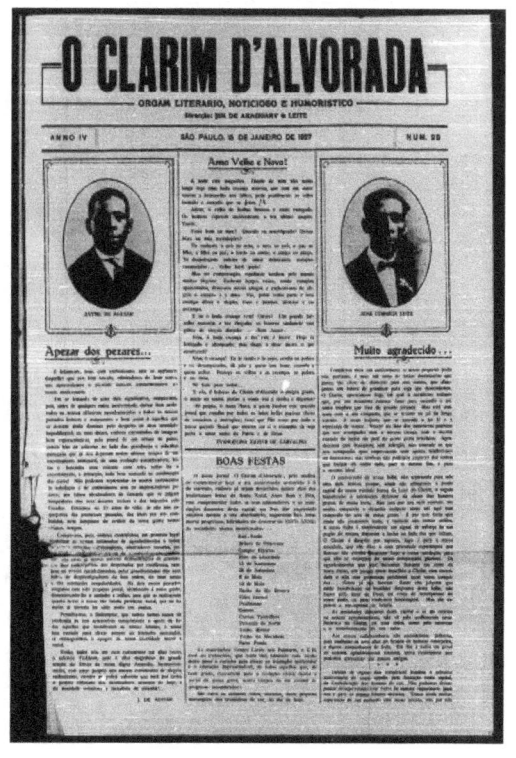

A maioria dos 2.000 exemplares por edição de *O Clarim da Alvorada* era vendida nas portas dos bailes organizados pelos grêmios recreativos da população negra, mas em algumas ocasiões eram distribuídos gratuitamente, como já citado. A instabilidade do jornal impedia que ele fosse publicado ao menos quinzenalmente, por isso, assim como a maioria dos periódicos da imprensa negra paulista, os editores de *O Clarim da Alvorada* tiveram que se contentar com edições mensais. Segundo Leite:

> O jornal *O Clarim* oferecia notícias para que a gente pudesse ter a aceitação no meio das entidades negras. Então eram anunciadas festas, bailes, casamentos... Através desse expediente, conseguíamos que a entidade distribuísse os jornais. Quando chegávamos no baile com exemplares, o mestre sala mandava parar a música e anunciava. Algumas moças da entidade iam vendendo para os frequentadores, a duzentos réis. Mas a gente tinha que ter muita habilidade, pois certas entidades não permitiam esse intercâmbio.[29]

Frente aos problemas de financiamento da publicação, José Correia Leite e seus parceiros resolveram transformar, em 1931, já em uma fase derradeira, *O Clarim da Alvorada* numa sociedade anônima. Porém, como não tinham os recursos para sequer organizar a documentação necessária, resolveram, a partir do conselho de um contador, se transformar em uma cooperativa. A Sociedade Cooperativa O Clarim da Alvorada recebia pequenas

---

29 *Ibidem*, p. 59.

quantias de seus sócios para manter e, se possível, incrementar a edição do periódico. A oficina, que funcionava em um dos quartos da casa de Leite, enfim recebeu equipamentos suficientes para que os jornalistas tivessem autonomia para a composição tipográfica do jornal, restando apenas a impressão, que era feita nas oficinas com maior estrutura.[30]

A CONSTITUIÇÃO DE UM "ESPAÇO NEGRO" NA CIDADE DE SÃO PAULO

Os dois primeiros anos de *O Clarim da Alvorada* seguiram a tendência projetada por Jaime de Aguiar de publicar um jornal que privilegiasse textos literários, ao invés de notícias sobre os eventos das associações negras, como já indicado. Até meados de 1925, predominaram os poemas e os contos, mas José Correia Leite e colaboradores como Moisés Cintra não deixaram de discutir os problemas sociais da população negra de São Paulo e do país, mesmo que de forma modesta. Já na edição de dezembro de 1924, tanto um quanto o outro aventavam um dos objetivos do jornal: a conclamação pela união da "raça negra". Leite, mais propositivo, afirmava que o primeiro passo para a organização da população negra viria da instrução. Este seria apenas o começo, e a mocidade negra deveria, ao menos, erguer os alicerces para uma próxima geração, estabelecer o sedimento que tiraria os negros da letargia. A criação de uma associação beneficente poderia mostrar aos imigrantes e brancos da nação que os negros também eram cidadãos capazes.

---

30 *Ibidem*, p. 97.

> É triste esta verdade, porém é um fato; não adquirimos até o presente o que necessitamos para todos nós, apesar dos trabalhos elaborados para esta grande iniciativa. Nada poderemos fazer sem nos unirmos. Eis a razão de vivermos um retrocesso infindável, sem bases para organização de um patrimônio para nos auxiliar. Devemos estabelecer ao menos os alicerces dessa grande obra para as gerações futuras, visto que não poderemos colocar as primeiras pedras. De muita força moral necessitamos para sairmos do letargo em que vivemos. Não há razão de enfraquecimento, pois a nossa classe não se resume num punhado de indivíduos, mas sim numa multidão, que unida poderemos calcular o seu valor. Se nos unirmos, poderemos não só fundar associações beneficentes e literárias, como também demonstraremos aos que dizem que não somos capazes de defender nossos interesses e o nosso valor real.[31]

Já Cintra rememorava algumas imagens de São Paulo na época em que ainda era uma pequena vila com apenas alguns vestígios de progresso. A cidade havia crescido e prosperado, mas os negros, por conta da falta de união, não puderam gozar dessas mudanças. Os homens negros de bem trabalhariam para a evolução da "raça". Essa evolução viria a partir da associação de negros sensatos e de boa intenção:

---

31 "O verbo do preto". *O Clarim da Alvorada*, São Paulo, 7 de dezembro de 1924, p. 3.

> Enquanto nós homens pretos, possuidores de um elevado número de irmãos e de uma mocidade cheia de vida e bastante inteligente, infelizmente até aqui, quase nada conseguimos adquirir em virtude de não existir entre nós uma completa concórdia; uma união verdadeira digna de ser imitada, propalada, baseada na diretriz de nossos interesses sociais e morais. Necessário é que pensemos mais uma vez que somos homens e necessitamos trabalhar muito para mais tarde nos intitular-nos homens de bem, conhecedores perfeitos de tudo quanto temos, de nossas tradições, de tudo quanto nos fará grande para a evolução da nossa raça.[32]

Comentários como estes se tornavam mais comuns em *O Clarim da Alvorada* à medida que aumentava o número de colaboradores que escreviam com frequência para o jornal. Horácio da Cunha, Luiz de Sousa e o advogado Theophilo Booker Washington[33] entrariam no debate sobre o problema do negro a partir de 1925. Não há registros detalhados sobre a formação destes jornalistas nas páginas do periódico nem na autobiografia de José Correia Leite. Além destes, se juntariam ao grupo também os editores do já citado *Getulino* de Campinas, Gervásio de Moraes em 1925 e Lino Guedes no início de 1926.

---

32 "A mocidade paulistana". *O Clarim da Alvorada*, São Paulo, 7 de dezembro de 1924, p. 1.

33 O nome do jornalista Theophilo Booker Washington, curiosamente, é uma homenagem de seu pai ao ativista negro norte-americano Booker T. Washington (1856-1915), admirado por muitas lideranças negras brasileiras no início do século XX.

Como notamos, *O Clarim da Alvorada* foi editado por um quadro de jornalistas inteiramente masculino. Entre os termos utilizados para tratar dos ativistas e da população negra em geral, era comum o de "homens de cor". Este não somente revelava alguns dos elementos envolvidos na construção de uma identidade étnica, como também os relacionados à questão de gênero. As mulheres negras, embora presentes nas entidades negras, raramente desempenhavam os papéis de liderança.

No caso de *O Clarim do Alvorada*, elas participaram muito pouco, se restringindo aos poemas e contos. Maria Lourdes de Souza foi quem mais colaborou com o jornal, principalmente entre os anos de 1924 e 1925. Maria Silva foi a segunda mulher a publicar, com um texto sobre as desilusões amorosas, no ano de 1926. Na edição de junho de 1928, *O Clarim da Alvorada* inaugurou uma seção feminina, onde publicou, pela primeira vez, quatro diferentes autoras. Contudo, o que poderia ser considerado como o princípio de uma colaboração feminina nada mais foi do que o começo do fim. Nas edições posteriores, as mulheres foram desaparecendo, até que a seção feminina se transformasse em um conjunto de textos românticos escritos por homens para mulheres.

No mesmo período em que se consolidava a redação de *O Clarim da Alvorada* e o seu projeto político ganhava contornos mais nítidos, foi criado o Centro Cívico Palmares em 1926, instituição voltada para a comunidade negra que oferecia uma biblioteca e espaço para os debates entre os ativistas que se preocupavam com as condições sociais da população negra. A ideia veio de um sargento da Força Pública, conhecido como Antônio Carlos, que tinha uma biblioteca de obras catalogadas sobre o negro e achava que os ativistas negros deveriam discutir questões políticas em um lugar apropriado. A entidade também organizou espetáculos teatrais, ofereceu clínica médica e ensino secundário para que alguns jovens da comunidade negra pudessem prosseguir seus estudos. Sobre o Centro Cívico Palmares, José Correia Leite, muitos anos depois, fez a seguinte observação:

> O objetivo do Palmares foi o de fazer a aproximação do negro pra uma tentativa de levantamento para acabar com aquela dispersão que havia e está havendo até hoje. O que o Palmares queria era que o negro se tornasse um elemento de força, de conjunto. Não precisava que toda a raça negra se reunisse, mas pelo menos que parte dela tivesse aquela consciência. Falava-se na família palmarina, na família negra. O objetivo era de união de aproximação.[34]

Pela primeira vez, as lideranças do meio negro que circulavam pelos cafés da Praça da Sé e do Largo do Pique, e também se divertiam nos eventos festivos dos clubes sociais negros, poderiam, enfim, mobilizar a "classe dos homens de cor" em uma entidade destinada aos assuntos eminentemente políticos. A entidade manifestou sua natureza combativa ao usar o nome do Quilombo Palmares, que já nesse período era considerado como símbolo de resistência negra. No Centro Cívico Palmares atuaram algumas das figuras políticas que editavam os jornais, como Gervásio de Moraes, e outras que mantinham independência em relação às instituições negras, como Arlindo Veiga dos Santos. Nesse sentido, aquela rede de ativistas que se estendia

---

34 LEITE, José Correia. *Op. cit.*, p. 74.

até as cidades do interior de São Paulo se reforçava cada vez mais através desta entidade e de publicações como *O Clarim da Alvorada*. Por outro lado, a criação do Centro Cívico Palmares e de outros jornais com o mesmo perfil revelavam a constituição de um "espaço negro" na cidade de São Paulo.[35]

O Centro Cívico Palmares passou por sérios problemas financeiros, tendo que mudar de lugar por duas vezes. Além disso, a dificuldade para administrá-lo e o problema com a autocracia inviabilizaram o seu funcionamento. A administração de Joe Foye-Gittens, um negro inglês que trabalhava como gerente de uma grande papelaria, foi marcada pela centralização do poder e desvio de finanças. Por volta de 1928, figuras importantes do universo do ativismo negro renunciaram a suas posições no Centro Cívico Palmares, contribuindo para o enfraquecimento e posterior desaparecimento da instituição.[36]

Porém, apesar do seu curto período de vida, a entidade possibilitou uma articulação maior entre as lideranças negras nessa década. Em seu ápice, no ano de 1928, os ativistas transcenderam as fronteiras do mundo negro e conseguiram estabelecer contatos com personalidades do cenário político estadual e nacional. Na ocasião de um protesto contra a discriminação racial na Guarda Civil do Estado de São Paulo, o Centro Cívico

---

35 Ver FERREIRA, Maria Cláudia. *Representações sociais e práticas políticas do movimento negro paulistano: as trajetórias de Correia Leite e Veiga dos Santos (1928-1937)*. Dissertação (mestrado) – Programa de Pós-Graduação em História da UERJ, Rio de Janeiro, 2005 (mimeo.).

36 Ver BUTLER, Kim. *Freedoms given, freedoms won: afro-brazilians in post-abolition São Paulo and Salvador*. New Brunswick: Rutgers University Press, 1998 e PINTO, Regina Pahim. *Movimento negro em São Paulo: luta e identidade*. Tese (doutorado) – Departamento de Antropologia da FFLCH-USP, São Paulo, 1993 (mimeo.).

Palmares fez o apelo para que o governo tomasse alguma medida para a contratação de oficiais negros. Lideranças negras se encontraram com o presidente Washington Luís e com governador Júlio Prestes, que ordenaram o fim da barreira racial para os candidatos negros. A determinação, contudo, só foi efetivada no início da década de 1930, por pressão da Frente Negra Brasileira (1931-1937), que havia se organizado justamente a partir da reunião de ex-membros do Centro Cívico Palmares.

Os primeiros passos de *O Clarim da Alvorada* foram dados concomitantemente à articulação de ativistas negros paulistanos e do interior do estado. Para Florestan Fernandes, este é o momento em que elementos não brancos da cidade de São Paulo passaram a reagir de maneira distinta aos atos de discriminação. Negros e até mesmo mulatos, que supostamente teriam maior facilidade para ascender socialmente, subverteram as relações paternalistas originadas no período de vigência da escravidão. Ainda que questionemos a passividade atribuída ao negro pelo sociólogo, o seu exame das relações entre negros e brancos nos ajuda a compreender o contexto histórico:

> Por fim, as investigações realizadas evidenciaram que o crescimento econômico acelerado, a modernização e certos efeitos da competição racial forçam o negro e o mulato, em São Paulo, a alterarem suas concepções de status e suas representações sobre as relações com os brancos. Trata-se, é certo, de números ínfimos de indivíduos. Todavia eles constituem uma parcela de pessoas imiscuídas centralmente em tendências igualitárias que se refletem na estrutura de sua

personalidade, no teor de sua visão do mundo e na organização de disposições sociais. Eles rompem com o passado e com o padrão tradicionalista de acomodação passiva, subalterna e subserviente diante do branco.[37]

No ano de 1926, uma linha editorial havia se configurado e os colaboradores de *O Clarim da Alvorada* trataram de questões comuns sem grandes divergências. Elas giravam em torno do lugar do negro como cidadão na sociedade brasileira e agente edificador da nação. Nesse sentido, a tendência dos textos de José Correia Leite, mais combativo e propositivo, de abordar as mazelas da população negra e clamar pela união dos negros de São Paulo, superou a preferência de Jaime de Aguiar pelos contos e poemas.

O FIM DE *O CLARIM DA ALVORADA*

Nem sempre os participantes desse "espaço negro" conviveram em harmonia e o jornal que ora analiso deveu o seu fim às acirradas disputas entre os negros paulistanos e suas organizações.[38] *O Clarim da Alvorada* foi publicado até 1932 e encerrou suas atividades após um longo conflito com a Frente Negra Brasileira (1931-1937). Esta tinha a intenção de preencher o vazio deixado pelo Centro Cívico Palmares como espaço de debate entre as lideranças negras da cidade de São Paulo.

---

37 FERNANDES, Florestan. *O negro no mundo dos brancos*. São Paulo: Global Editora, 2007, p. 71.

38 Para conflitos entre lideranças de organizações negras ver OLIVEIRA, André Côrtes. *Quem é a "gente negra nacional"?: Frente Negra Brasileira e a Voz da Raça (1933-1937)*. Dissertação (mestrado) – Departamento de História do IFCH-Unicamp, Campinas, 2006. (mimeo.).

De acordo com o historiador Petrônio Domingues, os ativistas Isaltino Veiga do Santos, Francisco Costa do Santos, David Soares, Horácio Arruda, Alberto Orlando e Gervásio de Morais faziam parte do núcleo original, mas entre os fundadores estavam José Correia Leite, editor de *O Clarim da Alvorada*, e Arlindo Veiga dos Santos, primeiro presidente desta organização e pensador de forte inclinação nacionalista e autoritária do período.[39] Santos foi o grande mentor intelectual da Frente Negra Brasileira. Sua simpatia pelo integralismo e pelo fascismo foi fundamental para a construção da rígida hierarquia da instituição negra. O poder era concentrado nas mãos do presidente, que estava no topo de uma escala que contava ainda com um conselho, grupo de diretores, cabos, comissários e fiscais. Os números sobre o total de membros da FNB não são exatos, mas estima-se entre seis e quinze mil. Em seu auge, quando foram criadas pequenas filiais em outros estados como Minas Gerais, Espírito Santo, Rio de Janeiro e Bahia, a organização chegou à quantidade de trinta mil membros.

José Correia Leite e mais o grupo que comandava *O Clarim da Alvorada* questionavam a centralização da Frente Negra Brasileira nas mãos dos irmãos Isaltino e Arlindo Veiga dos Santos. Este, principalmente, era acusado de usar a organização de forma autoritária para promover o patrionovismo – ideologia que defendia o retorno da monarquia e a criação de uma identidade católica nacional.[40] No início de 1932, a relação entre a publicação e a Frente Negra Brasileira se deteriorou. Isaltino dos Santos, que havia visitado a cidade mineira de São Sebastião do Paraíso para encami-

---

39 DOMINGUES, Petrônio. *A nova abolição*. São Paulo: Selo Negro, 2008.
40 Sobre o patrionovismo, ver MALATIAN, Tereza Maria. *Os cruzados do Império*. São Paulo: Contexto, 1990.

nhar a criação de mais uma filial, foi acusado de se envolver com uma mulher casada que fazia parte do circuito de ativistas negros da cidade. De acordo com José Correia Leite, *O Clarim da Alvorada*, por ser um órgão difundido entre parte da comunidade negra paulistana, foi procurado pelas lideranças de São Sebastião, já que não havia obtido nenhuma resposta da Frente Negra Brasileira sobre o assunto. A divulgação da notícia sobre o caso de Isaltino dos Santos foi encarada pela organização negra como uma afronta. Logo que se intensificou a troca de farpas com a Frente Negra Brasileira, José Correia Leite interrompeu a publicação de *O Clarim da Alvorada* e lançou o jornal *Chibata*, argumentando que a reputação daquele não poderia ser arriscada no confronto com seus adversários.[41]

Após a publicação da terceira edição de *Chibata*, que havia estreado em março de 1932, a Frente Negra Brasileira enviou os membros de sua milícia para empastelar a oficina onde José Correia Leite e seus colegas editavam *O Clarim da Alvorada*. Alguns objetos foram destruídos, mas os equipamentos da redação não foram comprometidos. Ao que parece, a intenção dos frentenegrinos era a de apenas assustar os jornalistas, e não a de decretar o fim do periódico. Contudo, mesmo com a publicação de uma edição simbólica de apenas uma página após o incidente, *O Clarim da Alvorada* jamais retomou o ritmo necessário para publicar de maneira regular.

---

41 LEITE, José Correia. *Op. cit.*, p. 100.

Capítulo II
Por uma outra "brasilidade": semear ideias no seio da raça

Após passarmos pela trajetória de *O Clarim da Alvorada*, iremos analisar as propostas e os projetos elaborados pelo jornal para a congregação da população negra da cidade de São Paulo e suas transformações ao longo dos anos. Para isso, os articulistas manusearam "bens simbólicos" da nação brasileira no intuito de propor uma identidade nacional, na qual os negros estavam inseridos como agentes de peso na contribuição à edificação da nação brasileira.[1] Entre as estratégias para atingir esse fim, destacamos os usos do passado para construir diagnósticos e soluções para os problemas da inserção dos negros à sociedade brasileira e para propor iniciativas como a da realização do Congresso da Mocidade Negra, a criação de símbolos como o monumento à Mãe Preta, e ainda a constituição de uma narrativa histórica a partir de personalidades negras e figuras do abolicionismo brasileiro. Esses aspectos se

---

1 Sobre a formação das identidades nacionais ver ANDERSON, Benedict. *Comunidades imaginadas: reflexões sobre a origem e a difusão do nacionalismo*. São Paulo: Companhia das Letras, 2008.

entrecruzavam nas páginas do periódico, no intuito de "semear ideias no seio da raça" e construir um outro lugar para o negro na sociedade brasileira. Em meio às atividades de redação, impressão do jornal e a organização política, os articulistas criaram uma história do negro e repensaram uma brasilidade onde este recuperava o papel que lhe cabia.

INCLUSÃO SOCIAL E OS USOS DO PASSADO

Diagnósticos e soluções para os problemas dos negros

Os artigos publicados em *O Clarim da Alvorada* nos indicam que os editores fizeram ampla utilização do passado, destacando os temas referentes à contribuição do negro para a sociedade e dividindo em duas fases a história do Brasil: o período da escravidão, com o trabalho árduo dos negros como escravos, e o da pós-abolição, com o processo de degradação da população negra em meio à pobreza. Moisés Cintra, na edição de março de 1924, tratou desses dois momentos. O jornalista problematizou a condição de negros miseráveis na cidade de São Paulo. De acordo com Cintra, no período da escravidão os negros eram homens desgastados e explorados pelo trabalho escravo. Porém, com a abolição da escravatura, eles haviam se tornado escravos dos próprios vícios. A condição a que estavam submetidos "impossibilitava a disposição para o trabalho", o que era fundamental para a constituição do universo material e da dignidade da população negra. Esse contingente, segundo o próprio autor, era formado por pessoas "pobres de espírito", o que inviabilizava um futuro próspero para a "nossa raça":

> Hoje, infelizmente, ainda se veem passar, pelos arredores, mesmo no coração da cidade, muitos patrícios que são escravos, não daqueles senhorios carrascos, mas dos vícios que os tornam incapazes para tudo, principalmente ao trabalho, que é a base de nossa vida material.
>
> Merecem compaixão, causam-nos dó! Quais os motivos que os obrigam andar maltrapilhos, cobertos de chagas, dormindo em bancos públicos e sendo muitas e muitas vezes pensionistas da polícia? É porque se deixaram dominar pelos vícios.[2]

A escravidão era recuperada para "esclarecer" o leitor sobre o passado do negro e estabelecer um diagnóstico sobre os males atuais dessa camada da população. Na edição de janeiro de 1925, José Correia Leite lastimava a relação que se fazia entre a situação dos negros na cidade de São Paulo e a condição dos miseráveis nas ruas. Enquanto os outros grupos étnicos da cidade progrediam, os negros ainda se encontravam perdidos, desunidos:

> É triste um homem por sua própria fraqueza viver sem abrigo, andar errante, desmemoriado, enfim, tornar-se um ente desprezível no seio da sociedade. Quantas vezes contemplamos esses infelizes largados inutilmente nas vias públicas!
>
> É triste. Porém, mais triste ainda, caros leitores que me ouvem, é comparar a nossa classe com esses pobres infelizes. Se pensarmos

---

2 "Um dever". *O Clarim da Alvorada*, São Paulo, 2 de março de 1924, p. 2.

bem, veremos ante nossas vistas os mesmos fracassos na nossa classe: comparemo-la a um indivíduo sem lar.

Nesta bela capital, todos progridem com os incalculáveis esforços que possuem e que diariamente conquistam com o trabalho intelectual e físico; enquanto nós, até aqui quase nada fizemos![3]

Feito o diagnóstico, após traçar um panorama entristecedor para os leitores de *O Clarim da Alvorada*, Leite propunha soluções, chamando a atenção para a importância da educação e da união dos negros em torno de associações beneficentes como maneiras de atenuar a angústia daqueles que penavam como desterrados na sociedade brasileira, ou como um grupo sem lar. Ele falava em reerguimento da "raça" que tanto colaborou para a "Terra de Santa Cruz, nosso Brasil querido". No final do artigo, José Correia ainda clamou pela formação de uma liderança negra que articulasse propostas para tirar a população negra da sua situação de pobreza.

Nesse sentido, *O Clarim da Alvorada* se transformou em um porta-voz para as organizações negras que surgiam na cidade, fazendo jus ao seu título que significava um "despertar para uma nova era". As páginas do jornal haviam se tornado um fórum sobre a questão do negro em São Paulo e no Brasil. Arlindo Veiga dos Santos, um dos mais influentes intelectuais negros do período e futuro presidente da Frente Negra Brasileira, colaborou com alguns artigos para o periódico. Ele publicou pela

---

3   "Vivemos sem lar". *O Clarim da Alvorada*, São Paulo, 25 de janeiro de 1925, p. 3.

primeira vez na edição de janeiro de 1927 um texto sobre o negro e o índio enquanto símbolos de uma identidade nacional. Santos argumentou que o poder de um Estado democrático emanava das comunidades, do povo. Nesse sentido, o negro e o índio, enquanto elementos primordiais da formação do povo brasileiro, deveriam reivindicar o seu espaço na sociedade. Sem se referir diretamente à República brasileira, ele fez uma crítica contundente àqueles que "faziam discursos vazios sobre a liberdade e que, ao mesmo tempo, reprimiam as massas populares. Durante a escravidão, a gente de cor influiu decisivamente no crescimento econômico da nação, no período pós-abolição ela deveria retomar o seu lugar histórico". Assim, a ideia das três raças fora encampada também por parte dos negros em São Paulo, mas reivindicando o lugar de direito no passado e no presente:

> Pertencemos nós, filhos das duas raças de cor que figuram o Brasil (o negro e o índio), à atual coletividade brasileira livre. No passado, influenciamos nos negócios nacionais; além do mais, e antes de tudo, pela força trabalhadora e guerreira. Hoje precisamos influir pelo pensamento, sobretudo porque o trabalho de todas as espécies já está suposto: o negro sempre trabalhou e ainda trabalha [...]
>
> [...] Trabalharemos por chamar à consciência, às vezes latente, todos os componentes da gente de cor do Brasil, porque, sem embargo do que possam rosnar os pedantes das suspeitas ciências antropológicas e etnológicas que levam certos sábios às conclusões estúpidas contra a identidade nacional brasileira, os princípios

nossos e que hão de salvar o Brasil desse caos que os "sábios" estabeleceram com suas teorias macaqueadoras e de contrabando.[4]

Arlindo Veiga dos Santos reconhecia e lamentava a condição de parte da população negra e temia as teorias que, baseadas nas ideias racistas europeias, imputavam o "atraso" da sociedade brasileira ao negro. A ideia que permeava os textos escritos pelos jornalistas e colaboradores de *O Clarim da Alvorada* era a de que, em meio àquele momento conturbado da política nacional, os negros deveriam reagir e dar início a um projeto que os conduzisse efetivamente ao caminho da integração social. A sensação de alienação causada pela perda de valores após o fim da escravidão "havia desviado a população negra de um sentido orientado para termos como progresso, evolução e civilização".

Outro dos colaboradores do jornal a tratar do problema da "degradação" da população negra no período pós-abolição foi Gervásio de Moraes. Na edição de abril de 1926, ele escreveu um artigo incisivo sobre os males que incidiam sobre a população negra. Para Moraes, os que habitavam os cortiços da cidade, enfraquecidos pelos problemas acarretados pela pobreza, viviam em condições piores do que as do período da escravidão, um quadro social dramático que poderia contribuir para o desaparecimento da população negra:

> É esse, sem dúvida, um dos "x" da nossa causa, um mal que está se generalizando assustadoramente, nos ameaçando aniquilar

---

4 "Ação dos negros brasileiros". *O Clarim da Alvorada,* São Paulo, 15 de janeiro de 1927, p. 5.

inteiramente, um sulco profundo que a evolução vai deixando para trás, como um episódio negro na nossa existência.

A moderna geração que é a nossa entrou no período agudo de suas remodelações sociais, o seu organismo está enfermado, e, assim como o humano, está reclamando a intervenção de todos quanto se interessam pelo evoluir progressista da moral do nosso povo.[5]

Para Gervásio de Moraes e as outras lideranças negras, a solução fundamental para tal problema era a educação. Eles se queixavam de que as famílias se perdiam em meio aos prazeres da vida e negligenciavam a importância da instrução como uma possibilidade de ascensão social. Era muito comum, em alguns artigos, a descrição melancólica de cortiços habitados por negros bêbados e distraídos pela dança, ritmada pelos tambores africanos, como sinal de fraqueza moral. A educação, nesse sentido, se apresentava como um instrumento formador e disciplinador dos "negros alienados", um elemento que colaboraria para a assimilação de valores para a constituição de um novo contexto social.

Na edição de outubro de 1926, *O Clarim da Alvorada* publicou um artigo, sem indicação do autor, que discutia a questão da instrução para a população negra. O texto apresentava a cidade de São Paulo como um centro de progresso e evolução social, e como tal, os negros da pauliceia deveriam se educar para acompanhar o ritmo de modernização da cidade. A instrução se tornaria indispensável para o "complemento da grande obra

---

5 "Dominicaes". *O Clarim da Alvorada*, São Paulo, 25 de abril de 1926, p. 1-2.

de civismo e patriotismo" no país. As escolas públicas e de algumas associações ofereciam cursos em diversos horários, "mas os estudantes negros não se dedicavam e se esmoreciam com o tempo". O autor, então, clamava pela participação dos negros letrados e chefes de famílias no estímulo da educação entre a população negra da cidade.[6]

As ideias das lideranças negras e dos articulistas de *O Clarim da Alvorada* sobre a importância da educação entre a população negra estavam em sintonia com aquelas concebidas pela inteligência responsável pela organização dos sistemas públicos de educação no Brasil. Nesse período, como veremos adiante, o conceito de raça, que ainda resistia fortemente no imaginário social, orientava o ideal de sociedade a ser conquistado. Ainda que houvesse a tentativa de utilizá-lo sem suas propriedades biológicas, ele "explicava e definia" o modo de vida dos negros pobres como exemplo de degradação e os valores seguidos por uma elite predominantemente branca como aqueles a serem difundidos pelas práticas escolares. Nesse sentido, a educação não era considerada uma mera instrução, mas uma esfera privilegiada para assimilação de "grupos raciais" que estavam inseridos em práticas culturais supostamente inferiores.[7]

Os jornalistas de *O Clarim da Alvorada*, assim como os demais ativistas negros, se colocavam como inspiradores e guias das classes negras populares no caminho tortuoso para assimilação de uma "cultura superior". Apesar da heterogeneidade entre os negros de São Paulo, eles tinham definido um projeto único de

---

6 "Mocidade...". *O Clarim da Alvorada*, São Paulo, 24 de outubro de 1926, p. 2.

7 DÁVILA, Jerry. *Diploma de brancura: política social e racial no Brasil – 1917-1945*. São Paulo: Editora Unesp, 2006, p. 24-27.

ascensão para o contingente negro, que levava em consideração a sua modernização e a recriação de uma imagem que se distanciasse daquela associada à escravidão e aos hábitos considerados como não condizentes com a moral do trabalho. Algumas expressões culturais que faziam parte do cotidiano da população negra, como as rodas de samba e os cultos religiosos de influência africana, não eram vistos com bons olhos pela "elite negra".

A relação entre os negros que faziam política e as classes populares negras era marcada por uma certa tensão. Aqueles que escreviam em *O Clarim da Alvorada* entendiam que a maior parcela de culpa da condição miserável da população negra era do próprio negro. A grande maioria acreditava que os negros poderiam conquistar posições de excelência na sociedade se simplesmente se dedicassem mais ao trabalho. Aquele processo de "degradação" pelo qual a população negra passava não era um problema da sociedade brasileira, que manifestava o seu racismo a partir de práticas discriminatórias,[8] mas de adaptação do negro sem instrução a um universo onde vigorava o trabalho livre e assalariado. O caminho do "aburguesamento" era a solução para a massa negra. Os ativistas e jornalistas de *O Clarim da Alvorada* defendiam a assimilação dos valores das camadas médias e dominantes, tendo como referência a cultura europeia. Sendo assim, os articulistas não questionavam radicalmente a ordem social estabelecida no Brasil. Ao contrário, lutavam pela inclusão e aceitação por essa mesma ordem, em geral, sem fazer

---

8   ANDREWS, George Reid. *Negros e brancos em São Paulo (1888-1988)*. Bauru: Edusc, 1998; DOMINGUES, Petrônio. *Uma história não contada: negro, racismo e branqueamento no São Paulo pós-abolição*. São Paulo: Editora Senac, 2004. Os dois autores tratam das experiências da população negra paulista e, consequentemente, das práticas de discriminação racial no início do século XX.

a crítica das formas discriminatórias pelas quais passaram os negros da cidade.

No entanto, os homens da "elite negra" que apareciam nas fotografias de *O Clarim da Alvorada* ostentando um ar de "dignidade" e modernidade não estavam longe das camadas populares. Embora exibissem alguns sinais de distinção, os laços familiares e muitas vezes a ocupação no mercado de trabalho não permitiam que pudessem criar um mundo à parte. Conforme nos indica o historiador norte-americano George Andrews, muitos dos "negros da elite" ocupavam cargos no funcionalismo público, entretanto poucos eram os que tinham algum tipo de atividade de prestígio; grande parte trabalhava como porteiro ou faxineiro. Se no setor privado as oportunidades de emprego eram limitadas devido à discriminação racial aberta, pelo menos no público alguns deles conseguiam relativa ascensão social.[9] Jaime de Aguiar, por exemplo, trabalhava numa biblioteca pública como guardador de livros, e era considerado um dos homens mais ilustres que circulavam entre os clubes sociais negros.[10] Entretanto, José Correia Leite, que durante muitos anos teve problemas com o aprendizado da leitura e da escrita, foi ajudante de um farmacêutico, e não pôde gozar do *status* oferecido pelo funcionalismo público.

Sendo assim, as experiências desse grupo estavam próximas dos negros populares, e não completamente isoladas em grêmios recreativos. Um exemplo interessante pode ser dado com os eventos organizados pela "elite". Como muitas

---

9   ANDREWS, George Reid. *Op. cit.*, p. 200-201.
10 PINTO, Regina Pahim. *Movimento negro em São Paulo: luta e identidade.* Tese (doutorado) – Departamento de Antropologia da FFLCH-USP, São Paulo, 1993 (mimeo.), p. 67.

das instituições deste grupo não tinham sede própria, acabavam reservando para os seus encontros os espaços de clubes carnavalescos daqueles negros que eram acusados de "envergonhar a raça".[11] Ou seja, ainda que houvesse o esforço para se criar um ambiente específico para os negros paulistanos inseridos em uma cultura considerada como superior, existiam canais de contato entre "elite" e populares que expressavam o grau de compartilhamento de experiências comuns na cidade de São Paulo.

Portanto, a crítica à falta de compostura dos negros que vagavam pelas ruas espelhava a posição de um segmento da população negra paulistana que não resultou necessariamente na falta de uma identidade comum entre "uma elite" e uma camada popular. As ideias de "classe dos homens de cor", de "povo preto" e de "raça negra" estavam associadas a um projeto de ascensão social que englobava todos os negros. A união que José Correia Leite reivindicava em seus artigos estava relacionada a este projeto que promovia a cidadania negra através de um processo de educação e "nacionalização do negro". Clamava-se por uma identidade, dignidade e reconhecimento da importância da população negra na conformação da sociedade brasileira. Contudo, essa identidade era importante, nos dizeres de Leite, para que conclamassem para a integração à sociedade e não para as "identidades fragmentadas" ou "identidades pós-modernas" – negros, mulheres, gays etc. alguns deles rejeitando os símbolos nacionais particularmente em países como os Estados

---

11   BRITTO, Iêda Marques. *Samba na cidade de São Paulo (1900- 1930): um exercício de resistência cultural*. São Paulo: FFLCH-USP, 1986.

Unidos – que tiveram lugar, sobretudo, após as contestações da década de 1960.[12]

Os jornalistas de *O Clarim da Alvorada* se preocupavam em fazer despertar entre os negros um sentimento de solidariedade para levar adiante o projeto de integração, principalmente através de conselhos para os leitores. No artigo "Homens pretos e evolução social", o autor, não identificado, descreveu o processo de obstrução de profissionais negros por empregadores quando o assunto era ofertas de trabalho.[13] Entretanto, de forma um pouco contraditória, ele afirmou que isso não poderia ser considerado como manifestação de um preconceito de cor sistemático, apenas como inveja. O autor justificou que essa era uma prática comum em uma sociedade diversa etnicamente e os negros deveriam se preparar para esse tipo de manifestação, aprender a lidar com situações corriqueiras de discriminação. Era necessário, então, que os pais dessem uma boa educação para que os seus filhos se preparassem para os concursos que solicitassem exames para ingresso, certamente indicando aos negros o campo do serviço público como uma possibilidade de trabalho e estabilidade profissional.

---

12   A identidade negra nos Estados Unidos, especialmente a que propõe um nacionalismo exclusivista negro, tem o seu "germe" no século XIX, com as proposições de retorno ao continente africano como a de Martin Delany (1812-1885). No caso das identidades pós-modernas, que questionavam a homogeneidade das identidades nacionais, estão relacionadas ao processo de fragmentação do sujeito, momento em que grupos passaram a reivindicar direitos a partir das políticas de identidade específicas na década de 1960. Ver HALL, Stuart. *A identidade cultural na pós-modernidade*. Rio de Janeiro: DP&A Editora, 2003.

13   "Homens pretos e a evolução social". *O Clarim da Alvorada*, São Paulo, 20 de fevereiro de 1927, p. 2.

Na edição de agosto de 1926, José Correia Leite, que expressava a sua preocupação com a real possibilidade de formação de uma coletividade negra na cidade, fez uma crítica a alguns que se definiam como líderes da "raça", mas pouco faziam para a sua redenção. Ele clamava por uma união que superasse as diferenças de classe e de cor:

> No nosso meio há um elevado número de apóstolos, mas cada um costuma apostolar por conta própria, andam sempre desentendidos, e desta feita, as ideias, em vez de congregarem, chocam-se violentamente... e nada fazemos para o bem estar da raça. Os batalhadores mais conhecidos são por sinal os que menos têm feito; esses poucos fazem porque não gostam de procurar aqueles que, verdadeiramente, podem lhes dar o necessário apoio. Vão procurar os humildes para depois os qualificar de boçais. Mas, no entanto, é com esses humildes que podemos contar para qualquer iniciativa. Afinal são para esses que devemos voltar nossos olhares, porque causa que se fizer não servirá para os graúdos, felizmente já estão feitos; e, não ligam para os seus irmãos infelizes. Pretos ou mestiços é uma coisa, todos descendem da mesma raça, todos são negros.[14]

A "elite negra", através de *O Clarim da Alvorada*, se considerava uma liderança que colocaria novamente a população negra

---

14 "Capacidade dos incapazes". *O Clarim da Alvorada*, São Paulo, 22 de agosto de 1926, p. 2.

na rota da história. Para eles, durante a escravidão, embora os negros tivessem participado da vida social como elemento subserviente, a "raça negra" cumprira papel fundamental na construção da nação. Seja trabalhando nas minas ou nas grandes plantações, colaborou para a grandeza da economia brasileira. As imagens de sofrimento eram muito comuns nos artigos que descreviam o cotidiano de escravos, elas eram construídas através do uso de termos como sangue, suor e lágrimas. Por meio de sacrifícios, os corpos africanos manifestaram o seu sentimento patriótico através do trabalho árduo; uma ideia que estava em oposição ao modo como os artigos de *O Clarim da Alvorada* descreviam a juventude negra corrompida e perdida em meio a relações informais e promíscuas, alienadas do progresso econômico da cidade e do estado de São Paulo.

Na edição de julho de 1928, José Correia Leite fez uma observação interessante sobre a passagem do Brasil escravocrata para um país assentado sobre o trabalho livre. Ele afirmava que o negro havia esperado pela proteção durante esse contexto de transição. Entretanto, esta ajuda "não veio totalmente ao encontro da raça negra do Brasil, porque, depois que o negro deixou de ser a formidável máquina produtora, ele ficou só, parado na estrada do progresso".[15] Aqui o jornalista corroborou a visão de alienação da população negra no período pós-abolição. Além disso, reforçou o argumento de que, mesmo sob a escravidão, o negro era muito mais ativo economicamente do que na década de 1920.

Na edição de março de 1929, Luis de Sousa também tocou no assunto sobre as grandes realizações dos negros durante a

---

15 "O negro para o negro". *O Clarim da Alvorada*, São Paulo, 1º de julho de 1928, p. 1.

escravidão. A sua interpretação foi a de que a população negra ainda não havia sido integrada ao corpo da sociedade. Sousa afirmava que, "caso o negro tivesse tomado o rumo natural do desenvolvimento logo após a abolição, poderia estar em um estágio muito mais avançado". Contudo, "diferentemente de outros grupos de imigrantes que progrediram, ele parou no tempo, vivia como na escravidão, num momento em que vigoravam outras relações de trabalho". Nesse sentido, a tão reclamada união seria a prioridade para que se fossem revividos os tempos em que o negro havia contribuído decisivamente para a formação da nação.[16]

Politização e combatividade: transformação no discurso

O ano de 1928 pode ser considerado um marco para *O Clarim da Alvorada*. José Correia Leite, que até então ocupava o cargo de redator assistente, passou a comandar o periódico como redator-chefe, função que era atribuída a Jaime de Aguiar. Leite assumiu a redação porque o seu colega havia resolvido se casar e deixar o jornal por falta de tempo. A intenção de Aguiar era a de encerrar as atividades do jornal, já que não acreditava que José Correia Leite – que há pouco tempo havia se iniciado nas primeiras letras – pudesse levar adiante a publicação. Segundo o próprio Leite, ele tinha a noção de suas limitações, mas o jornal deveria continuar, pois tinha algumas ideias que "gostaria de aplicar".[17]

As avaliações e leituras do passado no que se referia ao papel do negro na construção da sociedade brasileira foram feitas

---

16 "O momento". *O Clarim da Alvorada*, São Paulo, 3 de março de 1929, p. 1.
17 LEITE, José Correia. *E disse o velho militante José Correia Leite*. São Paulo: Noovha América, 1997, p. 40.

de forma ainda mais contundente após essa data. A primeira edição chefiada por José Correia Leite foi a de setembro de 1928, geralmente dedicada à comemoração da Lei do Ventre Livre. A leitura desta não nos indica nenhum tipo de mudança brusca, ou algo que poderíamos identificar como uma ideia nova de Leite. Entretanto é possível percebermos transformações significativas entre os anos de 1928 e 1929. A necessidade de ação entre a população negra, mensagem que era comum nos artigos escritos por Leite, passou a ser uma questão predominante nas páginas de *O Clarim da Alvorada*.

Contudo, as mudanças mais profundas estavam relacionadas ao diagnóstico dos problemas que afligiam a população negra. Se até esse período o argumento comum era o de que a situação de pobreza da maioria dos negros era culpa dos próprios, a ideia que passa a prevalecer é a de que os brancos, ou o governo republicano, não haviam se preocupado com a condução do processo de integração dos escravos. Existia uma pobreza negra porque não houvera um projeto dedicado a elevar socialmente essa população:

> As lutas, todavia, não cessam. Todos se colocam contra o preto. Ele é desprezado, humilhado em toda a parte. O estrangeiro maltrata-o e ninguém vem em seu auxílio, nem mesmo os brasileiros. Estes não se querem compenetrar de que aquilo que hoje possuímos devemo-lo ao negro. O nosso progresso é um edifício assentado sobre um alicerce indemolível.[18]

---

18 BANDEIRA, Félix Antônio. "Sem título". *O Clarim da Alvorada*, São Paulo, 28 de setembro de 1930, p. 2.

Leite não estava sozinho na empreitada; em texto publicado na edição de março de 1929, Gervásio de Moraes fez uma crítica ao governo brasileiro que, em suas diferentes gestões, "não se ocupou da situação desigual da grande raça". Se antes ela havia sido "motivo de gargalhadas, agoniada em torniquetes, chicoteada nos troncos ou enxovalhada nas senzalas", após a abolição da escravidão "foi preterida nas suas ambições, nos seus direitos de cidadania". Moraes completou com a acusação da suposta preferência dos brancos brasileiros pelos imigrantes europeus, enchendo uma repartição pública de "moços e moças bonitas" e oferecendo aos "negros brilhantes" os cargos de contínuo ou porteiro. Nesse sentido, a ideia de igualdade entre os indivíduos, indicada na constituição do país, não poderia ser considerada como uma possibilidade para a população negra:

> Basta dessa comédia paliativa de que somos um povo amparado e investido pela "Carta Magna".
>
> O único amparo que nos é dado é o de vivermos afastados dos meios, recusados nos exercícios distintos da sociedade, dominados pela influência dos imigrantes, postos à disposição dos representantes dos poderes nas lutas dos partidos como elementos nas urnas.[19]

Embora mais críticos com relação à atuação do Estado brasileiro no que se referia ao lugar do negro, em nenhum momento o periódico propôs a separação entre negros e brancos ou defendeu uma "nacionalidade exclusivamente negra", evitando a

---

19 "I Congresso da Mocidade Negra". *O Clarim da Alvorada*, São Paulo, 3 de março de 1929, p. 1.

fragmentação já mencionada. Ao contrário, aumentou o tom do combate, esteve mais incisivo nas propostas políticas e tornou-se mais veemente quanto à integração do negro na ordem estabelecida. Nesse sentido, o diagnóstico de que a República brasileira não havia se esforçado suficientemente para erguer o negro ao nível de cidadão brasileiro estava associado a um discurso que problematizava a forte presença de imigrantes em São Paulo. Para *O Clarim da Alvorada*, o negro era uma das figuras que representavam a identidade nacional. A política de imigração, por isso, era considerada como a expressão do distanciamento do governo republicano dos interesses do povo brasileiro.

O periódico revelava a influência do contexto político no qual estava inserido, que, por volta de 1930, testemunhava a ascensão de diferentes grupos de direita. A sensação entre os intelectuais deste lado do espectro político, como Miguel Reale e Plínio Salgado, era a de que o país passava por um momento conturbado e necessitava de uma solução para os seus inúmeros problemas. As políticas agroexportadoras das oligarquias nas primeiras décadas do século XX reproduziam a dependência econômica e permitiam a exploração das riquezas nacionais pelos estrangeiros. Por outro lado, a presença de uma massa de imigrantes em território nacional ameaçava a nacionalidade brasileira. Por isso, o país precisava de pensadores que estivessem comprometidos com os interesses nacionais.[20]

Seguindo a manifestação pública de grupos insatisfeitos e de diferentes perspectivas ideológicas, José Correia Leite e os demais colaboradores de *O Clarim da Alvorada* juntaram-se aos

---

20 BEIRED, José Luis B. *Sob o signo da nova ordem: intelectuais autoritários no Brasil e na Argentina (1914-1945)*. São Paulo: Loyola, 1999.

descontentes e aproveitaram a situação para inserir o preconceito de cor aos vários males que assolavam o Brasil. Neste momento, o periódico, que até então se considerava apenas como uma folha que publicava notícias e opiniões de interesse dos negros da cidade, passou a se autoproclamar como representante das ações políticas da população negra. Se ainda existiam aqueles que, com certa razão, continuavam a tratar *O Clarim da Alvorada* como um pequeno órgão de "vida agoniada", outros como José Correia Leite enfatizavam a função do jornal de "semear ideias no seio da raça". Na edição de janeiro de 1929, o "novo redator chefe" celebrava os cinco anos de fundação da publicação. Leite traçou o histórico de *O Clarim da Alvorada* e fez uso de palavras de ordens no sentido de mobilizar os negros, acenando para a liderança de uma suposta frente política negra, uma "nova redenção" que retomaria a luta de José do Patrocínio, Luis Gama e Cruz e Sousa:

> Insana tem sido a nossa luta, a luta da reabilitação da nossa grei; da formação do caráter da geração moça dentro da pátria nova, que caminha na estrada agigantada do porvir e do progresso cada vez crescente. Para frente pois, mocidade negra, com o livro e a pena destra, para a conquista da nova era, para o prosseguimento da luta iniciada por Patrocínio, Luis Gama e Cruz e Sousa. Ao vosso lado de cá estamos, resistindo fibra por fibra o valor dos nossos maiores, nas colunas pequenas do órgão que, de uma feita, tornou-se o patrimônio da gente preta nas terras hospitaleiras de Piratininga.[21]

---

21 "Cinco anos de clarinadas". *O Clarim da Alvorada*, São Paulo, 6 de janeiro de 1929, p. 1.

Este momento foi acompanhado de mudanças interessantes na abordagem do jornal que deixou de tratar a mocidade negra como uma geração perdida e a considerá-la como o futuro da "raça preta". Ou seja, os mais jovens, que alguns anos atrás eram considerados como os responsáveis por um processo decadente dos negros, haviam se transformado em alvos do apelo do jornal para a organização de um Congresso da Mocidade Negra. A ideia que havia nascido no ano de 1925 só ganhou força quatro anos depois. O objetivo dos organizadores, entre eles José Correia Leite, Evaristo de Moraes e Arlindo Veiga do Santos, era o de reunir intelectuais negros e brancos para discutir o problema do negro na sociedade brasileira. O grupo chegou a publicar o manifesto na edição de junho de 1929, redigido por Santos. Nele, os ativistas chamavam a atenção para a questão da integração do negro em diferentes esferas sociais da vida brasileira, reforçando a necessidade de sua instrução e sua aceitação pela sociedade brasileira, como mandava a lei.

> Irá discuti-lo [o preconceito] o Congresso da Mocidade Negra Brasileira, idealizado por uma turma de humildes patrícios, de fé nacionalista. Sim, de fé nacionalista porque afirmam as tradições raciais e religiosas do Brasil contra a capitulação e a renegação.
>
> O congresso irá discutir o remédio dentro da forma já estabelecida por um dos estudiosos do nosso problema, que assim se expressa: "o problema negro brasileiro é o da integração absoluta e completa em toda a vida brasileira política, social, religiosa, econômica,

operária, militar etc. O negro deve ter toda a aceitação em tudo e em toda a parte, dadas as condições competentes, físicas, técnicas, intelectuais e morais, exigidas para a igualdade perante a lei".[22]

No entanto, o manifesto não obteve um apoio maciço de intelectuais negros e populares. Segundo José Correia Leite, muitos deles se animaram com a corrida presidencial do período, fazendo campanha a favor de Getúlio Vargas na disputa contra Júlio Prestes.[23] Com o passar do tempo, a ideia de um congresso foi se esmorecendo.

Sob a direção de José Correia Leite, *O Clarim da Alvorada* ganhou um tom mais combativo. No período em que os textos literários predominavam no jornal, Leite já insistia na necessidade de iniciativas que agrupassem os negros de São Paulo. Assim que passou de tipógrafo semianalfabeto a grande referência de liderança no jornal, os artigos com interpretação histórica da experiência negra ganharam destaque. Por um lado, intensificaram-se os usos de determinados temas do passado – como os relatos sobre a escravidão, com a descrição de cenas dramáticas de chibatadas –, utilizados para reforçar a importância do negro na economia do país. Por outro, a recuperação dos processos de abolição e a proclamação da República permitiam aos articulistas retratarem o processo de "degradação" e o problema de integração da população negra.

---

22 "Mensagens aos negros brasileiros". *O Clarim da Alvorada*, São Paulo, 9 de junho de 1929, p. 1.

23 LEITE, José Correia. *Op. cit.*, p. 89.

A recuperação dos abolicionistas

O que percebemos em 1928 foi o fortalecimento de um discurso identitário nas páginas da publicação. O clamor de José Correia Leite pela formação de uma coletividade negra foi acompanhado por uma profusão de símbolos que já faziam parte do imaginário das lideranças negras. À medida que o jornalista urgia pela participação política dos "irmãos de raça", os artigos publicados passavam a explorar cada vez mais as representações que poderiam definir uma identidade para os negros da cidade de São Paulo. Uma das mais usadas por *O Clarim da Alvorada* foi a dos abolicionistas, dando início a uma narrativa em que estes ocupavam um lugar especial como "redentores da raça". Apropriando-se de figuras históricas, o jornal recuperou determinados aspectos do passado brasileiro que interessava ao seu projeto político na tentativa de reescrever a história da população negra do Brasil, negociando com a memória coletiva de negros e brancos.[24]

Nas páginas de *O Clarim da Alvorada*, Luis Gama, José do Patrocínio, Joaquim Nabuco e a Princesa Isabel aparecem ao lado de longas descrições sobre os martírios dos africanos na travessia do Atlântico em um navio negreiro. Na edição de 1928, por exemplo, o jornal publicou o famoso poema de Castro Alves, *O navio negreiro*. Em quase todos os textos dessa edição havia referências ao papel fundamental dos africanos na economia brasileira: trabalhando nas minas, em lavouras e na casa dos senhores.

---

24 Sobre memória coletiva ver HALBWACHS, Maurice. *A memória coletiva*. São Paulo: Centauro, 2006.

[...] a adoção da torpe e útil escravização dos índios e dos negros da África para o cultivo da gleba bárbara e explorar as minas de ouro adormecidas no seio da terra. Os índios, porém, souberam reagir com bravura. Bateram-se denodadamente contra os que lhe usurpavam as terras. Vendo, então, que os índios não se submeteriam, os portugueses lançaram as vistas para a África e de lá trouxeram os pretos que, como já se faziam em Portugal, escravizaram e obrigaram ao trabalho das lavouras e da mineração.[25]

As edições de comemoração da abolição da escravatura traziam também biografias sumarizadas de alguns abolicionistas. A preferência de *O Clarim da Alvorada* foi por José do Patrocínio e Luis Gama. O fato de os dois terem sido negros e importantes ícones do abolicionismo fazia de ambos figuras constantes nas páginas do jornal. Patrocínio e Gama, além de "apóstolos da abolição", eram exemplos de negros "educados", "dignos", que compreendiam as regras necessárias para ter acesso aos círculos do poder, algo que no olhar dos jornalistas faltava à maioria da população negra.

Em maio de 1926, *O Clarim da Alvorada* trouxe imagens dos dois abolicionistas negros estampadas em diferentes páginas da edição. O jornal também publicou um artigo de Gervásio de Moraes que, além de tratar dos tempos agonizantes da escravidão, descreveu José do Patrocínio e Luis Gama como umas das

---

25 "O dia da Mãe Preta". *O Clarim da Alvorada*, São Paulo, 28 de setembro de 1928, p. 1.

figuras másculas do movimento abolicionista que, ao lado do "anjo benfeitor" Princesa Izabel, "ruíram os pedestais gigantescos do grande templo escravocrata". Na ótica de Moraes, os abolicionistas haviam aberto o caminho para uma nova luta, que deveria ser retomada pela nova geração:

> Sim, já não temos pela frente o espectro hediondo e ameaçador que impunha a chibata; somos, nesta vasta comunhão, crepúsculo que se ergue cheio da mais profunda fé cívica, mas que ofusca indeciso nas brumas do espesso nevoeiro que se levanta desse bloco de gelo com que a maioria tende a impedir o nosso progresso: o preconceito.[26]

Os artigos sobre a escravidão, abolição e a questão do negro no período pós-abolição sugerem, como havíamos observado anteriormente, uma linha histórica que começa na travessia do Atlântico pelo navio negreiro, passa pela participação dos africanos como escravos em atividades fundamentais da economia brasileira e termina com o momento que deveria ser o da redenção do negro no Brasil. O período da abolição, combinado com o da proclamação da Republica brasileira, foi tratado como o de corrupção e degradação do negro em bebedeiras e promiscuidades. Os tempos de *O Clarim da Alvorada* são, para os editores, aqueles da alienação e apatia negra. O jornal clamava por uma nova geração de apóstolos, assim como haviam sido os honrados "libertadores da raça".

---

26 "Os immortaes". *O Clarim da Alvorada*, São Paulo, 13 de maio de 1926, p. 3-4.

Figura 2: *O Clarim da Alvorada* de maio de 1930

O abolicionismo retratado pelo periódico negro não era compreendido somente como um movimento que lutou pela libertação dos escravos, mas como aquele que abriu as portas para a integração do negro à sociedade brasileira. Mesmo que os abolicionistas não tivessem se preocupado em criar um projeto amplo de Estado para a transformação do negro em cidadão,[27] *O*

---

27 AZEVEDO, Célia Maria Marinho de. *Abolicionismo: Estados Unidos e Brasil, uma história comparada (século XIX)*. São Paulo: Annablume, 2003, p. 178-181.

Clarim descrevia o grupo como coeso e com objetivos bem definidos no que se refere à liberdade e à transformação do negro em trabalhador livre. Nesse sentido, cabia aos jornalistas resgatarem este "projeto" e difundi-lo entre os seus leitores.

O esforço do periódico para recuperar o passado e estabelecer uma memória abolicionista pode ser verificado através do tratamento do jornal dispensado, até mesmo, aos parentes dos "paladinos da liberdade". No ano de 1929, a publicação trouxe informações sobre os familiares do abolicionista José do Patrocínio. Na edição de janeiro, foi publicada uma nota sobre o movimento da imprensa carioca para um aumento substancial da pensão de Maria Henriqueta Sena – viúva de Patrocínio –, que, como relatado em edições anteriores, vivia em condições precárias no Rio de Janeiro. A informação era a de que o senador Celso Bayna havia encaminhado o projeto para o aumento, aguardando o apoio de colegas para que fosse aprovado.[28] Contudo, o ano havia sido trágico para os Patrocínio: a edição de agosto publicou uma pequena nota de falecimento de Maria Henrique Sena. O assunto seria tratado de forma adequada na edição seguinte, em setembro, mês de comemoração da Lei do Ventre Livre. Já no mês de outubro, foi a vez de José do Patrocínio Filho, rebento do abolicionista, que ganhou destaque na primeira página devido à sua morte prematura.[29]

A recuperação dos abolicionistas foi celebrada também através de romarias pelo centro da cidade de São Paulo. O

---

28 "A pensão da viúva de José do Patrocínio". *O Clarim da Alvorada*, São Paulo, 6 de janeiro de 1929, p. 3.

29 "José do Patrocínio Filho". *O Clarim da Alvorada*, São Paulo, 27 de outubro de 1929, p. 1.

jornal, junto com as lideranças do Centro Cívico Palmares, no dia 13 de maio de 1929, reuniu famílias negras na Praça João Mendes. Segundo o relato, as pessoas presentes no evento ouviram discursos sobre a questão do negro brasileiro e depois caminharam em direção à Necrópole da Consolação, ostentando bandeiras da nação brasileira. O objetivo da romaria era o de homenagear os abolicionistas com visitas aos túmulos de Luis Gama e Antônio Bento, outra grande figura do abolicionismo na cidade de São Paulo.[30] Aqui podemos notar duas referências importantes no pensamento dos articulistas de *O Clarim da Alvorada*, a presença dos símbolos nacionais e as honras aos abolicionistas que estavam associadas aos ideais de integração social do negro.

Dessa forma, os abolicionistas foram transformados em personagens de uma narrativa histórica que dava ao negro o papel de sujeito na história brasileira.[31] Eles foram equiparados por *O Clarim da Alvorada* a Henrique Dias, o negro que lutou contra os holandeses no período colonial; ao Quilombo dos Palmares, símbolo da bravura dos negros; e à Guerra do Paraguai, evento protagonizado pelos escravos soldados, para compor uma série de símbolos que, além de negros, seriam interpretados também como nacionais. Se

---

30   "Após a grande romaria da saudade". *O Clarim da Alvorada*, São Paulo, 9 de junho de 1929, p. 5.

31   *O Clarim da Alvorada* não foi o único a se preocupar em escrever uma narrativa histórica nacional com heróis negros. Outros periódicos, como o carioca *Kosmos*, na primeira década do século XX, também repensaram o lugar do negro na história. Ver DANTAS, Carolina Vianna. "Cultura histórica, República e o lugar dos descendentes de africanos na nação". In: ABREU, Martha; SOIHET, Rachel; GONTIJO, Rebeca (orgs.). *Cultura política e leituras do passado: historiografia e ensino de história*. Rio de Janeiro: Civilização Brasileira, 2007.

levarmos em consideração que a consciência nacional é nada mais do que uma comunidade imaginada, ou seja, um conjunto de mitos, versões da História e emblemas que dão o sentido à ideia de coletividade a um grupo de "desconhecidos", o objetivo de *O Clarim da Alvorada* era o de incluir narrativas e imagens "positivas" dos negros ao imaginário social brasileiro.[32]

Assim, mesmo que todo esse processo tenha envolvido o apelo por uma identidade negra, o jornal nunca sugeriu a preponderância de uma identidade racial sobre uma identidade nacional. Embora propusesse uma identidade negra, o que poderia ser interpretado como o surgimento de identidades fragmentadas dentro do contexto brasileiro, a intenção era a de afirmar a nacionalidade a partir do reconhecimento de sua negritude.

O que é possível perceber aqui é a força do movimento abolicionista no imaginário dos jornalistas de *O Clarim da Alvorada* e dos ativistas do período. O Brasil imaginado por eles passava por uma série de construções concebidas ou reforçadas pelos próprios "apóstolos" do abolicionismo. A identidade negra que se revelava nas páginas do jornal esteve baseada em ideais de uma integração negra atribuídos a um pensamento abolicionista, exaltado com frequência pelo jornal.

Nesse sentido, parte dos perfis de abolicionistas apresentados em *O Clarim da Alvorada* eram construções idealizadas. Se por um lado Joaquim Nabuco, também recuperado pelo periódico, reconhecia o valor dos escravos enquanto a grande força da economia brasileira, por outro deixava transparecer a sua preocupação com a forte presença do elemento negro na sociedade brasileira. Sendo assim, nem todo o pensamento de Nabuco poderia ser

---

32 ANDERSON, Benedict. *Op. cit.*

apropriado pelos articulistas da pequena folha. No debate sobre a imigração de trabalhadores chineses para o Brasil, o abolicionista manifestou sua oposição à chegada de uma raça inferior em um país predominantemente africano. Assim, ao mesmo tempo em que lutava a favor da participação do negro na comunhão brasileira, Nabuco defendia a presença maior de uma "raça mais inteligente", que viria da Europa para colocar o Brasil nos trilhos do progresso.[33] Ou seja, o Nabuco de *O Clarim da Alvorada* era o que apoiava a participação efetiva do negro na sociedade brasileira, e não o que valorizava os trabalhadores imigrantes.

Interessante também é observar que em meio a essa construção de um abolicionismo heroico nas páginas de *O Clarim da Alvorada,* surgiu a figura de Sílvio Romero, importante intelectual da Faculdade de Direito de Recife na segunda metade do século XIX. O que nos surpreende aqui é o fato de Romero estar associado a um movimento com o qual se indispôs. O intelectual via com maus olhos a presença do negro na formação da sociedade, embora reconhecesse o seu papel fundamental na história da economia brasileira. Sílvio Romero também defendia o processo de miscigenação racial, mas como um meio de embranquecer uma nação.[34] Entretanto, na leitura dos articulistas de *O Clarim da Alvorada,* somente os aspectos considerados positivos da visão do intelectual sergipano foram reforçados, reservando a ele um lugar na frente de defensores da "raça negra".

---

33 Ver SKIDMORE, Thomas E. *Preto no branco: raça e nacionalidade no pensamento brasileiro*. Rio de Janeiro: Paz e Terra, 1996; AZEVEDO, Célia Maria Marinho de. *Abolicionismo: Estados Unidos e Brasil, uma história comparada (século XIX)*. São Paulo: Annablume, 2003; NABUCO, Joaquim. *O Abolicionismo*. Petrópolis: Vozes, 1977.

34 Ver SCHWARCZ, Lilia Moritz. *O espetáculo das raças: cientistas, instituições e questão racial no Brasil, 1870-1930*. São Paulo: Companhia das Letras, 2007.

Nesse sentido, as figuras abolicionistas não apareceram nas páginas do jornal a partir de uma leitura que reproduzisse fidedignamente o pensamento dos "libertadores da raça", mas sim baseadas num abolicionismo imaginado e construído pelos articulistas que favorecia a ideia de incorporação do negro à sociedade brasileira. *O Clarim da Alvorada* se apropriou de uma série de simbologias construídas pelo abolicionismo, idealizando alguns nomes e reinterpretando os seus discursos para fazer uma análise crítica da situação dos negros no Brasil e ajudar a promover atos políticos idealizados pelos ativistas da época.

UM SÍMBOLO PARA A NAÇÃO: A MÃE PRETA

Outro feito de *O Clarim da Alvorada* no sentido de explorar a identidade negra e brasileira esteve relacionado à exaltação da imagem da Mãe Preta, sempre reforçando a importância dos negros na constituição da nação brasileira e incluindo-os como agentes importantes da identidade nacional. A ideia veio à tona após a circulação da informação de que jornalistas do Rio de Janeiro planejavam fazer um pedido ao prefeito para que se mandasse erigir um monumento à Mãe Preta. Na edição de abril de 1926, Moisés Cintra, colaborador do jornal, sugeriu que os negros paulistanos seguissem o exemplo dos cariocas, que tinham a pretensão de homenagear heróis e símbolos da "raça negra". A Mãe Preta surgiu então como a personagem ideal, pois representaria todas as mulheres que haviam trabalhado como escravas, amamentado os filhos dos senhores.[35] O monumento seria a expressão da gratidão da "atual" geração àquelas que haviam ajudado a

---

35 "A Mãe Preta". *O Clarim da Alvorada*, São Paulo, 25 de abril de 1926, p. 1.

erguer a nação brasileira. *O Clarim da Alvorada,* além dos muitos usos que fazia do passado, propunha simultaneamente a criação de símbolos. A Mãe Preta era uma proposta ousada para a representação da brasilidade e, com múltiplos significados, reunia a reivindicação de inclusão dos negros na sociedade, o reconhecimento do seu papel na história do país e a congregação de negros e brancos sob a égide da bandeira nacional.

Figura 3: *O Clarim da Alvorada* de setembro de 1928

Motivados pela riqueza do símbolo, logo os jornalistas seriam tomados pela iniciativa de homenagear a Mãe Preta e a "raça negra". Já na edição de julho do mesmo ano, Jaime de Aguiar lançava uma ofensiva, mais uma vez, contra os tradicionais negros detratores que sempre criticavam as ideias de valorização do negro brasileiro. Para ele, assim como as instituições de ajuda e a Confederação dos Homens de Cor,[36] o monumento à Mãe Preta seria uma "grande obra" que ajudaria o negro a retomar o caminho do progresso.[37] Além de representar uma comunhão racial entre as diversas "raças" brasileiras, a Mãe Preta simbolizaria a retomada de alguns dos valores que os negros haviam perdido ao longo do período pós-abolição.

Na edição de maio de 1927, *O Clarim da Alvorada*, ao invés de trazer na sua primeira página o editorial e os artigos impressos nas habituais três colunas, publicou um texto em homenagem à Mãe Preta diagramado em forma de "13 de maio". Saul de Navarro afirmava que a civilização brasileira tinha origem na figura da Mãe Preta. Usando um texto carregado de metáforas, ele retornou ao período em que as escravas alimentavam os seus próprios filhos e os de seus senhores. Navarro também relembrou aos leitores que sua geração ainda havia conhecido a grandeza maternal e "capacidade cristã de sacrifício" dessa querida figura dos tempos da escravidão. Entre os filhos ilustres da Mãe Preta, Navarro citou o abolicionista Joaquim Nabuco, que havia entrado em contato com o mundo escravocrata nos engenhos de Recife.

---

36 Na década de 1920, *O Clarim da Alvorada* também aventou a ideia de criar uma instituição que coordenasse a articulação entre os clubes negros da cidade com intuito de desenvolver programas de ajuda à população negra.

37 "Carapuças". *O Clarim da Alvorada*, São Paulo, 20 de junho de 1926, p. 1.

O Brasil, um gigante que hoje vive a vertigem de sua civilização de suas energias, cresceu ao calor do teu carinho, ouvindo o teu idioma de ternura humana, que não fala senão pelas lágrimas e pelos sorrisos, e tudo expressa num olhar, numa bênção e num gemido. O Brasil gigantesco foi acalentado no teu colo, bebeu a seiva de seus seios opulentos, tu o criaste. Sim, do teu seio noturno de escrava e mártir, de mãe por instinto e pelo devotamento, bebemos o leite puríssimo, que nos foi alimentado para o organismo e para a alma, porque desse leite generosamente dado dimana nossa bondade, que nos singulariza como raça afetiva, que tem o dom do agrado e a virtude suprema do perdão.[38]

A campanha pelo monumento à Mãe Preta nos revela o modo como os jornalistas de *O Clarim da Alvorada* pensavam a "integração negra" à sociedade brasileira. O texto de Navarro deixa bem claro que a opção do jornal e dos ativistas negros daquele período era pela inclusão do negro como parte importante da identidade nacional. A simbologia da Mãe Preta, embora remetesse os leitores ao período da escravidão, estabelecia uma origem comum para negros e brancos, apontando para uma origem da sociedade brasileira que transcendia as diferenças "raciais". Assim como ela alimentava a sua prole, a Mãe Preta também oferecia os seus seios para os filhos de seus senhores, definindo uma fraternidade entre negros e brancos.

No que se refere à questão do lugar do negro no Brasil, nos é possível verificar dois caminhos. No primeiro deles, *O Clarim*

---

38 "A Mãe Preta". *O Clarim da Alvorada*, São Paulo, 13 de maio de 1927, p. 1.

da Alvorada acenava para os seus leitores e para a população negra em geral, urgindo por uma identidade negra baseada na solidariedade que atravessaria as diferenças sociais entre os negros. Por outro lado, o jornal se preocupava em demonstrar a face brasileira dos feitos da população negra. O argumento era o de que a sociedade não poderia fechar os seus olhos para a contribuição dos milhões de africanos que haviam trabalhado, sem nada em troca, para o progresso da nação. A Mãe Preta, nesse sentido, revelaria uma "essência brasileira" que estava ligada profundamente às experiências negras; falar de Brasil sem se referir a elas era como negar a sua própria natureza.

Em um curto período de tempo, a imagem da Mãe Preta foi associada ao dia 28 de setembro, o da comemoração da Lei do Ventre Livre. Após cerca de quarenta anos da abolição da escravatura, esta data, junto com o 13 de maio, era celebrada por *O Clarim da Alvorada* com muito entusiasmo. As edições de maio e de setembro eram dedicadas ao movimento abolicionista. Na edição de setembro de 1928, o editorial do jornal especulou sobre a possibilidade de se criar o dia da Mãe Preta, justamente no dia 28 do mês. Na primeira página, em meio ao texto, o jornal estampava o desenho de uma mulher negra com uma criança branca em seu colo e uma criança negra em pé ao seu lado, fazendo, talvez, alusão ao sacrifício das mães escravas que passavam maior tempo cuidando dos filhos dos senhores ao invés de se dedicar aos seus. Nesta edição, o jornal evocou uma série de imagens nos textos e nas ilustrações que passariam a ser associadas à Mãe Preta: a escrava amamentando os filhos do senhor, cantando música de ninar para adormecer as crianças ou contando histórias.[39]

---

39 "O dia da mãe preta". *O Clarim da Alvorada*, São Paulo, 28 de setembro de 1928, p. 1.

A Mãe Preta, então, foi proposta por *O Clarim da Alvorada* como um símbolo da fundação da nação brasileira, a agente de promoção da mistura entre as "raças" do Brasil. A ideia de uma nação formada pelas três raças é retomada pelo periódico em nome de um projeto de ascensão para toda a população negra. Conforme assinala Antônio Sérgio Guimarães, a ideia de democracia racial não foi gestada somente pelos intelectuais brancos. Os intelectuais negros, na década de 1920 e 30, a endossaram para fazer firmar os seus interesses de integração social.[40]

INTEGRANDO PELA RAÇA

Os elementos negociados e selecionados como definidores da identidade negra foram explorados em meio a um emaranhado de termos que reproduziam incessantemente a ideia de raça enquanto conceito biológico. O uso do termo "raça" nos permite compreender as bases que definiam a identidade dos negros nas páginas de *O Clarim da Alvorada*. Aqui ele não se refere somente a uma identidade política ou cultural compartilhada pelas vítimas do preconceito de cor, mas também a um grupo racial. Aqueles que se identificavam como irmãos de cor acreditavam que, de um modo ou de outro, estavam ligados de forma sanguínea a todos os descendentes de africanos e escravos. Surgia assim uma variedade de termos utilizados para se referir aos negros brasileiros, paulistas e paulistanos: irmãos de raça, patrícios, negros, pretos, homens de cor, família negra, entre outros.

---

40 GUIMARÃES, Antônio Sérgio Alfredo. "Intelectuais negros e formas de integração nacional". *Revista Estudos Avançados*, São Paulo, v. 18, n. 50, 2004, p. 271-284.

> Em toda face da terra o negro é considerado inferior ao semelhante. Por quê? Pela ignorância dos que assim julgam.
>
> Fisicamente está provado que o negro é ótimo de resistência, não sendo característico da raça as moléstias sanguíneas que se observam em outras raças e é sabido que os africanos vivem muito, qualidade que se estende aos seus descendentes, embora em menor grau.[41]

Nesse sentido, o argumento nos artigos publicados por *O Clarim da Alvorada* era o de que a "raça preta", aquela trazida à força da África, não era inferior em relação às demais. Os jornalistas, mais uma vez, se inspiravam nos abolicionistas e em intelectuais como Sílvio Romero para afirmar que o grande problema era o "atraso" de parte da população negra, problema que poderia ser resolvido a partir de um contundente programa de instrução para a "raça negra".[42] Embora existissem vozes isoladas do ativismo negro da época que acreditassem na mistura racial como solução para o problema de "raça" no Brasil, a esmagadora maioria defendia uma assimilação que deveria ser feita por meio da introjeção de determinados valores, como a cidadania e a apreciação pelo trabalho.[43]

> Temos aí a constituição brasileira, que reconhece o preto como um elemento sociável, e não como raça inferior; cabe a nós sermos superiores na evolução e no nível social do país.

---

41 "Negro!". *O Clarim da Alvorada*, São Paulo, 27 de setembro de 1925, p. 3.
42 Sobre Sílvio Romero ver SCHWARCZ, Lilia Moritz. *Op. cit.*
43 ANDREWS, George Reid. *Op. cit.*, p. 213.

Estamos com a lei do país; lei que nos garante todos os direitos de ação, como legítimos cidadãos brasileiros que somos. Portanto devemos tratar em primeiro lugar em primeiro plano do aperfeiçoamento da nossa gente, indicando-lhes o verdadeiro caminho a trilhar.[44]

O uso da ideia de raça para definir uma identidade, entretanto, não poder ser entendido como uma exclusividade das lideranças negras e dos articulistas de *O Clarim da Alvorada*. Conforme assinala Barbara Weinstein, por volta da década de 1920, as teses científicas sobre raça estavam em declínio, mas ainda eram utilizadas para estabelecer critérios de diferenciação entre humanos, principalmente pelos membros da elite paulista.[45] Com efeito, as bases para a criação de uma coletividade de negros paulistanos estavam impregnadas de ideias e conceitos do imaginário social daquele período.

Os usos de determinados temas do passado, principalmente os que permitiam aos jornalistas traçarem a contribuição do negro à sociedade brasileira, a criação de símbolos como a Mãe Preta, ao lado das proposições de identidade racial, serviram como fonte do discurso de *O Clarim da Alvorada* para organização da população negra de São Paulo. À medida que o jornal chamava cada vez mais a atenção de seus leitores para os problemas dos negros na cidade e no

---

44 "Um monumento". *O Clarim da Alvorada*, São Paulo, 18 de junho de 1927, p. 2.

45 WEINSTEIN, Barbara. "Racializing regional difference: São Paulo versus Brazil, 1932". In: APPELBAUM, Nancy P.; MACPHERSON, Anne S.; ROSEMBLATT, Alejandra (orgs.). *Race and nation in modern Latin America*. Chapel Hill: The University of North Carolina Press, 2003.

país, aumentava o número de artigos e editoriais que utilizavam a imagem dos abolicionistas e o conceito biologizado de raça. Esses símbolos, representações e imagens de muitas maneiras forneceram aos articulistas do jornal o instrumental adequado, sobretudo para a proposição de uma outra "brasilidade", na qual estivesse incluída o negro e a importância dos seus feitos na construção da nação.

Capítulo III
Por uma solidariedade entre os negros nas Américas: imagens dos Estados Unidos em *O Clarim da Alvorada*

Como é possível observar em algumas páginas de *O Clarim da Alvorada*, a experiência dos negros norte-americanos e os movimentos anticoloniais no continente africano foram fontes de inspiração para a representação do negro moderno no periódico. À medida que os artigos publicados tratavam mais da questão de raça no Brasil e questionavam uma suposta harmonia racial na sociedade brasileira, passavam a discutir também a importância da política racial entre os negros dos Estados Unidos. O exercício de comparação entre a condição dos negros brasileiros e a dos negros norte-americanos ampliou o debate para fora dos limites territoriais do Brasil, levando os jornalistas a tratarem de ações políticas negras pelo mundo.

As principais fontes sobre esses temas – amplamente utilizados pelo periódico – foram os jornais publicados pela imprensa negra norte-americana. Os jornalistas de *O Clarim da Alvorada* recebiam exemplares do *Chicago Defender* e do *Negro World*, ambos sem regularidade. No ano de 1923, ao participar de uma série de encontros com ativistas negros em São Paulo e no Rio de Janeiro, Robert Abbott, editor do jornal afro-americano *Chicago Defender*, estabeleceu seus primeiros contatos com lideranças negras do Brasil. Como consequência destes eventos, os brasileiros e o editor passaram a trocar correspondências e exemplares de suas publicações.

Já o jornal *Negro World*, publicação do ativista negro de origem jamaicana Marcus Garvey, se transformou em fonte de informações sobre as experiências negras internacionais para *O Clarim da Alvorada* através de Alcino dos Santos e João Sótero da Silva, que foram até a redação do jornal para propor a tradução de matérias pan-africanistas.[1] Com a ajuda de Mário Vasconcelos, que se responsabilizou pela tradução, *O Clarim da Alvorada* introduziu uma coluna, em 1930, sob o título de "O Mundo Negro", tradução literal do título do jornal norte-americano.[2]

Ou seja, durante a trajetória de *O Clarim da Alvorada* várias informações relacionadas às experiências negras fora do Brasil foram selecionadas no sentido de ajudar a delinear atitudes, ações, compromissos e, por sua vez, uma identidade para a população negra de São Paulo; por outro lado, permitiu aos articulistas clamarem por uma identidade negra que ultrapassasse as fronteiras nacionais.[3] As indicações são de que a maioria das notícias publicadas sobre a vida dos negros nos Estados Unidos e, curiosamente, na África, como veremos no próximo capítulo,

---

1   Ver DECREANE, Philipe. *Pan-africanismo*. São Paulo: Difel, 1962.

2   LEITE, José Correia. *E disse o velho militante José Correia Leite*. São Paulo: Noovha América, 2007, p. 77. Ver também GOMES, Flávio. *Negro e política (1888-1937)*. Rio de Janeiro: Zahar, 2005.

3   Sobre a circulação de ideias de intelectuais negros em espaços transnacionais ver gilroy, Paul. *O Atlântico Negro*. São Paulo: Editora 34, 2001.

vieram dos dois jornais afro-americanos acima mencionados. *O Clarim da Alvorada*, então, utilizou estes periódicos como fontes de informação, imagens e símbolos para refletir sobre a experiência dos negros de São Paulo.

A "IMPRENSA NEGRA" NORTE-AMERICANA E OS DIAGNÓSTICOS E SOLUÇÕES SOBRE A SITUAÇÃO DO NEGRO NAS AMÉRICAS

Robert Abbott: o editor do *Chicago Defender* no Brasil

Para entendermos parte deste processo, é necessário voltarmos ao ano de 1923, justamente o da visita de Robert Abbott ao Brasil. O editor do *Chicago Defender*, interessado em experiências negras que fossem distintas das vividas pelos negros norte-americanos, desembarcou no Brasil e participou de encontros e conferências com os negros brasileiros das cidades de São Paulo e Rio de Janeiro. Abbott ainda completaria a sua passagem pelo "mundo latino-americano" com uma viagem para a Argentina. Após o *tour* pela América do Sul, o editor retornaria aos Estados Unidos – que na época vivia a injusta segregação racial que alcançava todos os estados, além das ações dos grupos de extrema direita armados, especialmente no sul do país – como um grande entusiasta do modo de vida no Brasil, fazendo da sua publicação um veículo de propaganda das relações entre negros e brancos do país.

O *Chicago Defender*, que tinha distribuição nacional, era naquele período o maior e o mais influente jornal afro-americano. Fundado no dia 5 de maio de 1905 pelo próprio Robert Abbott, o periódico se tornou um porta-voz importante contra a segregação racial nos Estados Unidos. Além de denunciar a prática de linchamentos contra a população negra, o *Chicago Defender* recomendava aos seus leitores do sul do país que migrassem para os estados do norte, onde as oportunidades eram supostamente muito maiores e o preconceito racial menos nocivo.[4] A projeção que o *Chicago Defender* tinha nos Estados Unidos, com uma tiragem de 250.000 exemplares,[5] propiciou a Robert Abbott os recursos necessários para viajar pela América do Sul e satisfazer o seu desejo de conhecer o progresso social do negro em um país de cultura latino-americana.[6]

A aventura do jornalista já começaria em solo norte-americano. Além das dificuldades na aquisição de acomodações no navio da empresa Lamport & Holt Steamship, o cônsul brasileiro em Chicago se recusaria a conceder o visto a ele e a sua esposa pelo fato de serem negros. O problema seria resolvido somente com a intervenção de um senador norte-americano frente à embaixada brasileira. Após muita resistência dos brasileiros, Abbott enfim embarcaria para a sua viagem para conhecer o universo latino-americano.[7] Com certo assombro, o jornalista norte-americano comentou que não se poderia esperar que um país como o Brasil, com uma população enorme de negros, dificultasse a entrada de um negro norte-americano no país. Robert Abbott encerrou o texto lamentando as dificuldades para aquisição do visto, "que

---

4 STREITMATTER, Rodger. *Voices of revolution: the dissident press in America*. Nova York: Columbia University Press, 2001, p. 141-158.

5 *Ibidem*.

6 DOMINGUES, Petrônio. "A visita de um afro-americano ao paraíso racial". *Revista de História*, São Paulo, n. 156, 2007, p. 162.

7 "My trip through South America". *Chicago Defender*, Chicago, 4 de agosto de 1923.

deveriam ser comuns a todos o negros dos Estados Unidos que pretendessem conhecer outros países como o Brasil".

Apesar dos empecilhos colocados pela companhia de viagens e o consulado brasileiro, a visão positiva do jornalista não foi alterada. Logo que pisou em solo brasileiro, no dia 15 de fevereiro de 1923, Abbott ficou encantado pela paisagem da cidade do Rio de Janeiro. Como era de se esperar, ele fez uma descrição exótica, ressaltando "a aparência titânica das montanhas, a abundância de flores coloridas e a beleza das praias cariocas". Apesar de um breve comentário sobre a grandeza da avenida pela qual passou, que poderia ser "o orgulho de qualquer capital no mundo", o que chamou a atenção do jornalista norte-americano foi a "sensualidade da cidade que se manifestara no céu azul e na delicadeza das águas".[8]

No mesmo artigo, Robert Abbott contrastou a sua fascinação pela paisagem do Rio de Janeiro com o relato de discriminação racial num hotel da cidade. O jornalista e sua esposa foram proibidos de se hospedar no Gloria Hotel. Segundo sua descrição, assim que os hóspedes tomaram conhecimento da presença de um casal de negros no local, pediram que se retirassem. Entretanto, esse não foi um caso tratado como uma presença de preconceito racial na sociedade brasileira, mas de indícios da má influência de norte-americanos no Brasil. O hotel brasileiro havia sido indicado por pessoas que haviam viajado no mesmo navio que Abbott, e a grande maioria dos que haviam se hospedado por lá eram norte-americanos. O jornalista fez ainda a observação de que no hotel basicamente se falava o inglês; portanto, aquele não era um ambiente tipicamente brasileiro. Para

---

8 "Personal motives". *Chicago Defender*, Chicago, 11 de agosto de 1923.

Abbott, o preconceito de cor havia se manifestado porque havia sido trazido pelos turistas dos Estados Unidos.

O jornalista enfim entraria em contato com o ambiente brasileiro quando encaminhado para um hotel "genuinamente nacional". No Hotel Vitória, estabelecimento de primeira classe, Abbott e sua esposa foram acomodados em bons quartos, sem que tivessem que enfrentar qualquer tipo de rejeição.

Caso semelhante seria experimentado na cidade de São Paulo. Ao chegar à capital paulista, no final de uma tarde, o norte-americano se hospedou no Hotel Palace, mas permaneceu por lá por apenas algumas horas. O proprietário, após reclamações de turistas dos Estados Unidos, foi obrigado a informar Abbott de que não poderia permanecer no hotel.[9]

Apesar dos contratempos vividos nas duas cidades, o jornalista estabeleceu os limites entre uma cultura "racista norte-americana" e uma "cordial brasileira". Os dois casos de preconceito racial foram utilizados de modo a confrontar de forma direta duas maneiras distintas de convivência entre negros e brancos: a primeira negativa e a segunda positiva. Nos artigos escritos para o *Chicago Defender*, Robert Abbott, de maneira deliberada, retratava o padrão brasileiro de relações "raciais" como o mais adequado para o progresso social e econômico dos negros. É provável que o jornalista norte-americano tenha até distorcido alguns fatos para que pudesse dar o efeito de contraste entre o que representava os Estados Unidos e o Brasil.

A prova de que o Brasil oferecia melhores oportunidades aos negros foi dada a partir da forte presença de descendentes de africanos nos níveis mais altos da sociedade brasileira.

---

9   "São Paulo". *Chicago Defender*, Chicago, 18 de agosto de 1923.

Através do contato com negros supostamente bem-sucedidos nas duas cidades brasileiras, Abbott foi introduzido ao ambiente social do país. O jornalista não deixou claro quem foi o responsável pela sua apresentação aos brasileiros. Ao que parece, o proprietário do Hotel Vitória, junto com alguns de seus funcionários, ajudou-o a se ambientar no Rio de Janeiro, mas o principal contato foi um norte-americano que já morava no Brasil por um bom tempo e conhecia alguns dos espaços pelos quais circulavam algumas das importantes figuras negras da cidade.

Robert Abbott, em um dos seus artigos para o *Chicago Defender*, fez a relação de profissionais que eram os grandes exemplos de negros que haviam tido uma trajetória de sucesso no Brasil. A rede social construída durante sua passagem no Rio de Janeiro possibilitou que conhecesse "pessoas de distinção, figuras eminentes do comércio, do funcionalismo público e da classe dos profissionais liberais". Apesar do pouco tempo passado na cidade, o contato com os brasileiros foi marcado por certo apreço e admiração. O jornalista comentou que, "na cidade abaixo da linha do Equador, havia sido recebido com cordialidade em jantares onde sentiu os sinceros sentimentos de amizade". A experiência positiva pela qual havia passado deveria servir ao negro norte-americano como um meio de mensurar a dificuldade de se viver nos Estados Unidos sob a égide da segregação racial.[10]

Ao apresentar ao leitor do *Chicago Defender* os negros bem-sucedidos do Brasil, Robert Abbott começou a sua lista com um norte-americano e não um brasileiro, justamente a pessoa que, provavelmente, havia se encarregado de introduzi-lo aos negros da cidade do Rio de Janeiro. O Dr. Alfredo Clendenden havia

---

10 "Personal motives". *Chicago Defender*, Chicago, 11 de agosto de 1923.

nascido nos Estados Unidos, mas já fazia cerca de 40 anos que trocara Nova York pelo Rio de Janeiro. Em 1923, ele era um senhor de 70 anos que havia sido o dentista do imperador D. Pedro II, quando este ainda ocupava o trono. Mas talvez a escolha de Abbott por Clendenden fosse menos pela sua experiência de ter cuidado dos dentes de um chefe de Estado do que por sua trajetória de sucesso na sociedade brasileira. Ele era o exemplo claro de que muitos dos negros dos Estados Unidos poderiam progredir socialmente no Brasil, serem reconhecidos pelos brancos, sem enfrentar os infortúnios da discriminação racial.

Entre os brasileiros, Robert Abbott listou oito pessoas, sendo a grande maioria profissionais liberais como médicos e jornalistas. Entre eles, destacamos José do Patrocínio Jr., filho da grande figura do abolicionismo brasileiro e funcionário da embaixada brasileira na Bélgica; Evaristo de Moraes, criminologista, advogado e grande orador; Olympio de Castro, um padre de "grande conhecimento"; e Juliano Moreira, médico formado na Escola de Medicina da Bahia que representou o Brasil em um Congresso Internacional de neurologistas em Berlim. Após demonstrar a qualificação de cada uma das pessoas com as quais esteve em contato no Rio de Janeiro, Abbott fez a observação de que todas eram negras. Para ele, estas figuras eram exemplos de que os negros poderiam prosperar com competência se as oportunidades fossem oferecidas. "Não havia problema de raça no Brasil, mas sim um amor pela liberdade que estava encravado profundamente na alma brasileira, existia por parte de muitos líderes brasileiros um esforço imensurável para compreender o sofrimento de todas as classes de humanidade oprimida." Em outras palavras: as relações raciais do Brasil eram – aos olhos do editor norte-americano que analisava a situação do negro a partir dos problemas da sociedade em que vivia – mais suaves do que pintava o próprio *O Clarim da Alvorada*.

Não por acaso, parte das pessoas citadas pelo jornalista norte-americano, especificamente as acima mencionadas, eram figuras ilustres também nas páginas da imprensa negra paulista. Juliano Moreira e José Patrocínio Jr. eram considerados como exemplos de autodeterminação da "raça" no Brasil, tratamento semelhante ao dado por Robert Abbott. Já Evaristo de Moraes e Olympio de Castro tinham ligações mais estreitas com os ativistas negros de São Paulo: ambos chegaram a colaborar com *O Clarim da Alvorada* e fizeram a mediação entre o jornal brasileiro e o *Chicago Defender*, alguns anos após o retorno de Abbott aos Estados Unidos.

Sobre a sua experiência em São Paulo, Robert Abbott citou apenas T. D. Castro, identificando-o como ministro do interior do estado de São Paulo. Apesar dos comentários sobre a organização de conferências, não há detalhes sobre o que os presentes discutiram na capital paulista. Os jornais da imprensa negra paulista que trataram da presença do jornalista norte-americano no Brasil sequer mencionaram o suposto encontro dele com ativistas negros da cidade de São Paulo, entretanto, divulgaram parte do conteúdo debatido na cidade do Rio de Janeiro. *O Kosmos* e o *Getulino*, das cidades de São Paulo e Campinas, respectivamente, criticaram a visão de Robert Abbott sobre as relações entre negros e brancos no Brasil. A ideia de harmonia racial foi refutada pelas duas publicações. Ambas entendiam que o jornalista norte-americano estava equivocado e o grau de violência racial nos Estados Unidos não o permitia enxergar qualquer prática de preconceito racial no Brasil. Abílio Rodrigues, que escreveu um artigo sobre o assunto em *O Kosmos*, afirmava que Robert Abbott havia tido uma ilusão, e que casos como os ocorridos nos hotéis brasileiros não eram uma mera influência norte-americana, mas também a ação de brasileiros preconceituosos. "Negros como Evaristo de Moraes e Juliano Moreira, que haviam atingido os níveis sociais mais elevados, não tinham a vida fácil", como achava o jornalista norte-americano; todos tinham que desafiar as barreiras de cor impostas aos trabalhadores negros do Brasil. Segundo Rodrigues, para perceber o preconceito de cor no Brasil bastava acompanhar o ambiente do futebol brasileiro, esporte no qual todos os jogadores negros estavam afastados dos grandes clubes.[11]

O debate se acirrou e o jornal negro *Getulino* foi além: acusou Robert Abbott de estar promovendo a imigração negra norte-americana para o Brasil. Benedito Florêncio, em uma série de três artigos, associou a imagem do jornalista à de Marcus Garvey, ativista jamaicano radicado nos Estados Unidos que defendia o retorno dos negros para a África, sugerindo a organização de uma possível invasão negra no Brasil. O brasileiro pintou a imagem do jornalista norte-americano como um milionário charlatão que investiria em fazendas no Brasil e traria trabalhadores negros ao país. Ele manifestou também sua oposição a tal projeto, afirmando que a presença de negros norte-americanos poderia comprometer o processo de "caldeamento das raças" no Brasil.[12]

A reação de Benedito Florêncio à possibilidade de uma imigração afro-americana tinha precedentes: no ano de 1921,

---

11 "Preto e branco". *O Kosmos*, São Paulo, 18 de abril de 1923, p. 1.

12 "Cartas d'um negro". *Getulino*, Campinas, 21 de outubro de 1923, p. 3.

havia chegado ao Brasil a notícia de que uma companhia norte-americana de colonização – a Brazilian-American Colonization Syndicate – compraria terras no Mato Grosso para a instalação de fazendeiros negros norte-americanos. Tal informação provocou reações contundentes por parte da câmara de deputados e da imprensa brasileira. Andrade Bezerra, legislador eleito pelo estado de Pernambuco, chegou a propor a proibição da imigração de trabalhadores negros, mas o projeto foi prontamente rejeitado pela câmara.[13]

Conforme assinala Petrônio Domingues, Robert Abbott tinha realmente a intenção de organizar a imigração de negros dos Estados Unidos para o Brasil. Parte de sua visita às cidades do Rio de Janeiro e São Paulo ia além de uma troca de experiências com os negros brasileiros. O jornalista norte-americano procurou avaliar as condições dos negros no Brasil para recomendar a imigração aos seus compatriotas. De fato, o retrato "distorcido" do paraíso racial brasileiro servia como estratégia para reavivar o antigo projeto da companhia norte-americana de colonização. Após o seu retorno aos Estados Unidos, Abbott insistiu na ideia e realmente conseguiu arregimentar um grupo de investidores interessados em uma "nova fronteira racial". Eles chegaram a fazer o pedido de visto para a viagem ao Brasil, entretanto, apesar da imagem positiva de Abbott, eles foram negados. O jornalista denunciou em seu jornal o consulado brasileiro, contudo os vistos continuaram a ser recusados durante toda a década de 1920.[14]

---

13 GOMES, Tiago de Melo. "Problemas no paraíso: a democracia brasileira frente à imigração afro-americana". *Estudos Afro-Asiáticos*, ano 25, n. 2, 2003, p. 307-331.

14 DOMINGUES, Petrônio. *Op. cit.*

Robert Abbott não foi o primeiro negro norte-americano a enxergar no Brasil um Éden racial; esta representação sobre o país já fazia parte do imaginário de alguns ativistas e intelectuais negros. William Du Bois, ao olhar para outras experiências negras no mundo, escreveu um artigo em seu jornal, *The Crisis*, sobre o Brasil. Em 1914, o sociólogo e historiador, que naquele momento já era a grande referência do ativismo negro norte-americano, teceu alguns comentários sobre o relato de viagem *Through the brazilian wilderness,* escrito pelo ex-presidente Theodore Roosevelt, que tratara das relações entre negros e brancos durante sua visita ao Brasil, em 1913. Du Bois, após fazer uma breve apresentação do Brasil como uma nação eminentemente negra, discutiu as observações de Roosevelt. Segundo ele, o presidente havia sido preciso em algumas informações, principalmente quando afirmara que o negro havia sido integrado à sociedade brasileira e que no país não existia qualquer tipo de obstáculo racial à população negra. Contudo, o intelectual discordou da afirmação de Theodore Roosevelt de que, apesar do processo de miscigenação, o sangue negro no Brasil era inferior. William Du Bois, a partir de um comentário de João Batista Lacerda, diretor do Museu Nacional brasileiro, demonstrou como o negro participou efetivamente da história brasileira, desqualificando o argumento do presidente de que a "raça negra" era inferior à branca. Du Bois acusou o ex-presidente norte-americano de estimular o racismo e a segregação na sociedade norte-americana ao confirmar a inferioridade racial no Brasil.[15]

15　HELLWIG, David J. (org.). *African-American reflections on Brazil's racial paradise*. Philadelphia: Temple University Press, 1992, p. 31-34.

O intelectual, ao questionar Theodore Roosevelt, utilizou o padrão racial brasileiro para refutar as teses de inferioridade da "raça negra". O interesse de William Du Bois na experiência negra brasileira revela o modo como imagens e informações de experiências negras internacionais foram incorporadas ao discurso de ativistas negros de diferentes contextos nacionais. Esse trânsito de ativistas e impressos em busca de outras experiências negras configurou um espaço amplo de circulação de ideias e símbolos entre as populações de ascendência africana.[16]

O *Negro World* circula nas Américas

O caso do jornal *Negro World*, editado por Marcus Garvey, é um exemplo deste fenômeno. Este ativista jamaicano radicado nos Estados Unidos ficou conhecido pela formulação da proposta radical de retorno dos negros norte-americanos e de outros países para a África. Garvey acreditava que o progresso para a "raça negra" seria possível somente no continente africano. Em 1921, o ativista desembarcou em Cuba para divulgar os seus ideais, sendo recebido de maneira calorosa pelos jamaicanos que viviam na ilha e com certo ceticismo pelos negros cubanos.[17] Enquanto os primeiros aclamavam as proposições de Marcus Garvey, os segundos alegavam que a sua presença incitava o racismo, que supostamente não era comum naquela sociedade. Em vez de retornar à África, os cubanos preferiam seguir com a cidadania cubana.

---

16 Sobre a definição de um espaço de circulação de ideias entre as populações negras ver GILROY, Paul. *Op. cit.*

17 ROBAINA, Tomás Fernandes. "Marcus Garvey in Cuba: Urrutia, cubans and black nationalism". In: BROCK, Lisa; FUERTES, Digna Castañeda (orgs.). *Between race and empire: African-Americans and Cubans before the Cuban Revolution*. Philadelphia: Temple University Press, 1998.

O fato é que a presença do líder jamaicano irrompeu um debate sobre a questão racial entre a população negra da ilha, levando as principais referências da política negra cubana a se posicionarem em relação aos seus ideais. Mesmo com a discordância em relação ao nacionalismo negro norte-americano e ao pan-africanismo pela maioria dos cubanos,[18] as organizações ligadas a Garvey continuaram a funcionar até 1930, período em que se iniciou uma forte investida do governo cubano contra qualquer tipo de ação política baseada na ideia de "raça". A publicação de Marcus Garvey, *Negro World*, circulou na ilha em versões em inglês e espanhol por cerca de dez anos, o que revela a importância, mesmo que incômoda, de Garvey em Cuba.

A Unia (Universal Negro Improvement Association), instituição comandada por Garvey, foi responsável por captar recursos para viabilizar o retorno à África. As ideias do líder negro encontraram resistência também em outros países, principalmente os africanos, submetidos ao poder dos impérios europeus, onde eram consideradas como sediciosas. Entretanto, diferentemente do caso cubano, não havia uma resistência por parte das populações nativas; a preocupação era, basicamente, das autoridades coloniais.

---

18 O nacionalismo negro pregava o separatismo dos negros em relação ao resto da sociedade como forma de defesa contra o racismo e foi uma resposta à segregação racial que grassava no país. Um bom exemplo de influente organização que advogava a separação entre negros brancos é a Nação do Islã (criada em 1930), que defendia a adoção de uma religião distinta da cristã dos brancos, no caso, a muçulmana. O pan-africanismo, que também teve as suas diferentes versões, oscilou entre um projeto de retorno à África e a solidariedade entre nações africanas contra os impérios europeus.

Nesse sentido, o jornal *Negro World* serviu como instrumento para a infiltração das ideias de Marcus Garvey em países onde ele estava proibido de entrar. Este foi o caso do Malauí, protetorado britânico onde a publicação circulou de maneira clandestina até o momento em que foi interceptada pelas autoridades, em 1926. Na África do Sul, milhares de exemplares foram distribuídos, sendo que um deles chegou até as mãos do ministro do interior, que curiosamente se tornaria um assinante da publicação.[19]

O *Negro World*, embora tenha tido uma circulação estável dentro do território norte-americano, tornando-se uma das publicações mais populares entre a população negra na década de 1920, internacionalmente contou com esforços individuais de ativistas ou admiradores de Marcus Garvey, o que possibilitou a difusão das ideias do líder negro, mesmo que de forma irregular. Embora não existam registros de como o *Negro World* chegou até os representantes baianos de *O Clarim da Alvorada*, podemos sugerir que a publicação do jamaicano chegou até a redação do jornal brasileiro a partir de agentes informais que transitavam pelo Atlântico com o desejo de divulgar os ideais de Garvey.

A primeira vez que *O Clarim da Alvorada* atribuiu alguma informação ao *Negro World* foi em 1929, quando o periódico já havia adotado uma postura mais contundente na defesa da inclusão social dos negros à sociedade brasileira. Na edição de fevereiro, o jornal brasileiro publicou a tradução de um manifesto

---

19 Sobre a circulação das ideias de Marcus Garvey através de impressos, ver HILL, Robert A. (org.). *The Marcus Garvey and Universal Improvement Association papers: Africa for the Africans (1923-1945)*. Berkeley, California: University of California Press, vol. X, 2006.

que clamava pela união dos negros. Com o título "Eduquemos nossas massas", e mais um subtítulo que indicava o jornal norte-americano como um órgão "defensor da raça negra disseminada por toda a parte do globo", o autor, discutindo um tema comum ao discurso de José Correia Leite, tratou da necessidade da construção de uma coletividade negra entre as populações da diáspora. Relembrando um passado doloroso que despertara o sentimento de vergonha, o manifesto não fez alusão direta à escravidão, mas descreveu um período em que os "inimigos da humanidade" haviam privado o negro dos seus direitos de ser humano. Com um tom que ecoava como a retórica de Marcus Garvey de autodeterminação dos negros frente aos brancos, o autor finalizava com a mensagem de que a "força da nossa raça" bastava para a inserção em um mundo em progresso:

> Essa experiência é bastante para o remédio de nossos males. Rechacemos as ofertas lisonjeiras que cotidianamente nos oferecem, as quais aniquilam as iniciativas do progresso que começam a sentir-se no seio de nossa coletividade. Digamos com orgulho: nossas forças nos bastam! Não esperemos glórias que outros nos oferecem; adquiramos estas por nosso próprio impulso. Elas garantirão nosso porvir e de nossas gerações vindouras, que robustecidas com o nosso labor econômico, chegarão muito breve a cobrir a retaguarda no campo de ação de nossa raça, e ocuparão o posto que lhes corresponde na vida da civilização.[20]

---

20 "Eduquemos nossas massas". *O Clarim da Alvorada*, São Paulo, 3 de fevereiro de 1929, p. 1.

As notícias que tinham o *Negro World* como fonte inicialmente foram publicadas em meio aos artigos que tratavam de outros assuntos, porém logo elas foram reunidas juntamente com informações de outros jornais em uma coluna especializada nas experiências negras fora do Brasil. Em 1930, no mês de dezembro, foi inaugurado "O Mundo Negro", um espaço que, de acordo com o jornal brasileiro, publicaria "notícias, trabalhos transcritos e traduzidos para *O Clarim da Alvorada* dos mais importantes órgãos negros da América".[21]

O que observamos aqui é uma entre várias práticas que configuraram uma rede de trocas de informações e ideias no Atlântico. Se por um lado havia um trânsito de intelectuais norte-americanos, caribenhos e africanos como William Du Bois, Claude Mckay e Léopold Sédar Senghor, que estava relacionado a um circuito pautado por relações acadêmicas e por um mercado editorial ávido (principalmente na França) pela produção de pensadores negros, por outro existia esse circuito pautado pela atividade jornalística de ativistas negros.[22] As traduções de textos do *Negro World* e a troca de exemplares entre as redações de *O Clarim da Alvorada* e o *Chicago Defender* revelam como os ativistas brasileiros ingressaram no universo de circulação de ideias no Atlântico Negro.

---

21 "O Mundo Negro". *O Clarim da Alvorada*, São Paulo, 7 de dezembro de 1930, p. 4.

22 EDWARDS, Brent Hayes. *The pratice of diaspora: literature, translation, and the rise of black internationalism*. Cambridge: Harvard University Press, 2003.

UM OLHAR PARA ALÉM DAS FRONTEIRAS NACIONAIS

A comparação entre os padrões de relações raciais brasileiro e norte-americano não foi um fenômeno que se manifestou pela primeira vez nas páginas de *O Clarim da Alvorada*. Nas obras de Joaquim Nabuco e Raymundo Nina Rodrigues, já é possível perceber a preocupação dos brasileiros em conduzir a integração do negro à sociedade brasileira de modo a evitar violência semelhante à da sociedade norte-americana.[23] Nesse sentido, a Guerra Civil (1861-1865) e a Reconstrução (1863-1877)[24] norte-americana apareceram como eventos definidores de uma diferença entre os dois países. O primeiro evento, que teve início para evitar a secessão, desmontou a sociedade escravocrata dos Estados Unidos no conflito entre os estados sulistas e o resto da União. Já a Reconstrução foi marcada pela tentativa de integração dos ex-escravos à sociedade norte-americana. Doze anos após o fim da Guerra Civil, estava claro que o projeto de Reconstrução fracassara, desencadeando um processo violento de segregação racial.

Os resultados destes eventos, considerados por Nabuco e Rodrigues como desastrosos, ajudaram a delinear a já tradicional narrativa das três raças, presente desde a proposta de Carl Friedrich Philipp von Martius para a escrita de uma história brasileira em 1843. Enquanto o Brasil se transformara em

---

23 Ver NABUCO, Joaquim. *O abolicionismo*. Petrópolis: Vozes, 1977. Também ver RODRIGUES, Raymundo Nina. *Os africanos no Brasil*. Brasília: EdUnB, 2004.

24 Aqui sigo a periodização estabelecida por Eric Foner, já que outros historiadores utilizam como balizas temporais os anos entre 1865 e 1975. Ver foner, Eric. *Reconstructon: America's unfinished revolution (1863-1877)*. Nova York: Harper & Row, 1988.

uma nação com relações "harmônicas" entre negros e brancos, os Estados Unidos se encaminharam para o segregacionismo, mantendo a população negra à margem da sociedade. Mesmo com a presença da escravidão no século XIX e com a crença de inferioridade da "raça negra", ainda se considerava que os negros no Brasil viviam em condições melhores do que as dos norte-americanos:

> A escravidão, por felicidade nossa, não azedou nunca a alma do escravo contra o senhor – falando coletivamente – nem criou entre as duas raças o ódio recíproco que existe naturalmente entre opressores e oprimidos. Por esse motivo, o contato entre elas sempre foi isento de asperezas, fora da escravidão, e o homem de cor achou todas as avenidas abertas diante de si. Os debates da última legislatura, e o modo liberal pelo qual o Senado assentiu à elegibilidade dos libertos, isto é, ao apagamento do último vestígio de desigualdade da condição anterior, mostram que a cor no Brasil não é, como nos Estados Unidos, um preconceito social contra cuja obstinação pouco pode, o talento e o mérito de quem incorre nele. Essa boa inteligência em que vivem os elementos, de origem diferente, da nossa nacionalidade é um interesse público de primeira ordem para nós.[25]

A questão da diferença entre os dois países apareceu naturalmente nas páginas da imprensa negra paulista. *O Clarim*

---

25 NABUCO, Joaquim. *Op. cit.*, p. 38.

da Alvorada não foi a primeira publicação a discutir tal assunto, jornais negros publicados anteriormente já traziam uma quantidade considerável de artigos que comparavam as experiências dos negros da América do Norte e do Sul. O *Getulino* de Campinas, já citado por nós, publicou, no ano de 1923, um artigo em que repudiava um missionário e professor protestante que havia lecionado em um colégio no Brasil e publicado um artigo nos Estados Unidos, tratando das consequências negativas da presença da "raça negra" na sociedade brasileira. O autor, Afonso Celso, citou exemplos de norte-americanos de boa conduta que estiveram no Brasil e manifestaram ideias lisonjeiras sobre o país, entre eles o ex-presidente Theodore Roosevelt. Contudo, o mencionado professor fazia parte de um grupo de cidadãos dos Estados Unidos que "viajavam pelo mundo e criavam conflitos raciais em outros países". Como exemplo, Celso mencionou a França, que, assim como o Brasil, desconhecia o "preconceito contra a gente de cor". Em Paris, nas palavras do brasileiro, era muito comum a presença de turistas norte-americanos e muitos deles se envolviam em confusões com os africanos das colônias francesas. Assim como acontecia no Brasil, a presença dos norte-americanos gerava discórdias e comprometia as relações entre negros e brancos:

> São mais perniciosos que anarquistas que atentam contra a ordem material, o que torna passíveis de vigorosas mentalidades.
>
> Envenenam consciências e coações, tentando destruir uma das legítimas superioridades do Brasil nesse ponto mais cristão, mais

adiantado, mais feliz do que a portentosa república do norte.[26]

Em *O Clarim da Alvorada*, a primeira menção aos negros norte-americanos apareceu na edição de julho de 1925. Essa referência antecedeu aos interesses dos articulistas brasileiros nos periódicos norte-americanos *Chicago Defender* e *Negro World*, que serviram de fontes aos jornalistas para opinar sobre a situação do negro nos Estados Unidos e reivindicar um outro lugar para o negro no Brasil. No artigo intitulado "A raça maldita", Booker, um dos colaboradores assíduos do jornal, questionava a justificativa religiosa da diferença entre as raças, que afirmava que os negros faziam parte de um povo historicamente amaldiçoado. Ele retornou aos tempos do Egito clássico para mostrar como na história da humanidade a "raça negra" já havia sido soberana e criadora de conhecimento. Os brancos e outras "raças" haviam bebido muito dos ensinamentos dos negros, mas continuavam a maltratá-los, principalmente os brancos dos Estados Unidos que massacravam os negros de seu país:

> Qual foi o crime praticado pelo pai dos negros nos tempos primitivos que fez com que esta raça até hoje seja escarnecida pelos ignorantes, desprezada pelos cegos de espírito, perseguida e trucidada pelos brancos selvagens lá na Norte-América?
>
> É que papai Cam riu-se de Noé por vê-lo embriagado... Daí toda a sorte de injustiças

---

26 "O incidente do missionário". *Getulino*, Campinas, 9 de setembro de 1923, p. 1.

que sofre esta raça feliz, digo feliz e o leitor em breve estará comigo.

A raça maldita foi a primeira que teve preponderância, isto é, foi a mais civilizada, a que dominou as outras raças. Quer isto dizer que os brancos e outros beberam ensinamentos dos negros malditos, receberam as suas instruções etc.[27]

Este artigo deu início a uma série de outros que trataram do preconceito de cor no Brasil, nos Estados Unidos e, consequentemente, em outras partes do mundo. Na maioria das vezes, as experiências negras norte-americanas surgiram nas páginas do jornal como um meio de caracterizar e até mesmo de mensurar a suposta natureza harmônica das relações entre negros e brancos no Brasil. Ao mesmo tempo em que os jornalistas e colaboradores de *O Clarim da Alvorada* exaltavam o caráter pacífico das relações raciais do Brasil, eles carregavam nas tintas ao tratar desse outro ambiente permeado pela violência racial que afligia a sociedade norte-americana.

Na edição de novembro de 1926, Gervásio de Moraes fez uma crítica contundente aos Estados Unidos. O jornalista condenou o espírito intolerante dos cidadãos norte-americanos, que apesar de responsáveis por grandiosas obras da modernidade, empreendiam os espetáculos mais violentos de conflito racial: "Em meio àquele progresso que assombra e àquela civilização que intimida, desdobra-se o manto negro de ridícula intolerância".[28]

---

27 "A raça maldita". *O Clarim da Alvorada*, São Paulo, 26 de julho de 1925, p. 1.
28 "A inquisição moderna". *O Clarim da Alvorada*, São Paulo, 14 de novembro de 1926, p. 2.

Moraes defendia que os negros brasileiros estavam em vantagem em relação aos negros dos Estados Unidos, pois não alimentavam nenhum tipo de ódio em relação aos brancos.

Antes de 1928, quando os artigos e notícias não contavam com as informações vindas do *Chicago Defender* e do *Negro World*, o debate em torno da diferença entre ser negro nos Estados Unidos e no Brasil se restringiu à oposição entre um ambiente violento e outro harmônico. Ainda assim, é possível encontrar alguns artigos sobre a contribuição importante de inventores negros e a presença do jazz entre os bailes dançantes dos clubes recreativos negros da cidade de São Paulo. É provável que essas informações tenham chegado por meio das agências internacionais de notícias, como as norte-americanas United Press Association e a Associated Press, que atuavam no Brasil desde as primeiras décadas do século XX e chegavam a divulgar informações de jornais afro-americanos como o *Baltimore Afro-American*.[29]

Na edição de março de 1926, por exemplo, Booker apresentou aos leitores do jornal os inventores do "primeiro relógio da América", do autopiano e de um aparelho que registrava chamadas telefônicas. Ele deu destaque a Joseph Hunter Dickinson, que além de ser inventor do autopiano e portador de doze patentes, se revelara um excelente empreendedor com sua grande fábrica de pianos.[30] Em um outro artigo, na mesma página, um

---

29 Ver SEIGEL, Micol. "Mães pretas, filhos cidadãos". In: CUNHA, Olívia Maria Gomes da; GOMES, Flávio dos Santos (orgs.). *Quase cidadão: histórias e antropologias da pós-emancipação no Brasil*. Rio de Janeiro: Editora FGV, 2007, p. 331 e MARTINS, Ana Luiza; LUCA, Tânia Regina de. *História da imprensa no Brasil*. São Paulo: Contexto, 2008, p. 152.

30 "Negro!...". *O Clarim da Alvorada*, São Paulo, 21 de março de 1926, p. 4.

autor que se identificara como Tuta comentava como o jazz e sua estética "futurística" havia influenciado desastrosamente a juventude negra. Ele manifestava o seu sentimento nostálgico ao criticar a atual geração que perdia tempo com uma música barulhenta ao invés de valorizar os ritmos musicais que revelavam "o lirismo do verbo amar".[31]

O debate sobre a experiência negra nos Estados Unidos ganharia novos contornos em 1928. A partir deste ano, identificamos a prática jornalística em torno do tema. É possível também perceber que, a partir de então, a posição de *O Clarim da Alvorada* passou a oscilar com relação às notícias sobre o país. Munidos de mais informações e posicionando-se mais claramente, os jornalistas passaram a identificar positividades e negatividades na experiência dos negros norte-americanos. Tal perspectiva refletia a abertura de espaço para opiniões divergentes das manifestadas pelo jornal, sem, contudo, prejudicar o projeto de *O Clarim da Alvorada*: a integração dos negros à sociedade brasileira, através da educação e oferecimento de oportunidades de trabalho.

Aqui é importante salientarmos que as fontes da imprensa negra norte-americana não foram as únicas a serem utilizadas. Além do *Chicago Defender* e do *Negro World*, os jornalistas de *O Clarim da Alvorada* reproduziram os artigos dos jornais da grande imprensa brasileira, fontes bastante comuns na produção da folha negra antes da chegada das publicações de Robert Abbott e Marcus Garvey.

O fato que nos chama a atenção nas páginas da pequena folha paulistana, contudo, é que em suas notas internacionais os

---

31 "Amor e jazz". *O Clarim da Alvorada*, São Paulo, 21 de março de 1926, p. 4.

Estados Unidos tinham uma centralidade que não possuíam na grande imprensa paulista. *O Estado de São Paulo*, principal referência da imprensa paulistana no período, no ano de 1930 deu espaço maior aos países europeus. As notícias sobre os norte-americanos se restringiam basicamente às tarifas aduaneiras e à competição de permanência no ar de aviões, aparecendo muito pouco os casos de conflitos raciais, como era comum em *O Clarim da Alvorada*.[32] Como esta publicação da imprensa negra tinha uma periodicidade mensal, os artigos sobre a nação norte-americana reproduzidos da grande imprensa ganhavam uma maior dimensão em suas páginas.

Contudo, foi o *Chicago Defender* a fonte que ajudou a embasar o conjunto de notícias sobre os Estados Unidos de *O Clarim da Alvorada*, mais do que o *Negro World* de Marcus Garvey e *O Estado de São Paulo*. Embora a passagem de Robert Abbott pelo Brasil tenha acontecido no ano de 1923, o intercâmbio de informações entre o jornal norte-americano e *O Clarim da Alvorada* só apresentou seus resultados alguns anos depois. A primeira referência ao jornal de Robert Abbott nas páginas do periódico brasileiro somente foi feita em 1926, como resposta a artigos publicados no *Chicago Defender* em 1923. Gervásio de Moraes relembrava a passagem de Abbott pelo Brasil para fazer uma crítica à falta de sensibilidade do editor norte-americano à realidade brasileira. Moraes condenava Robert Abbott por não se preocupar em aprofundar o seu conhecimento sobre o Brasil, já que o jornalista da "América irmã" havia retornado ao seu país e feito alguns "comentários inapropriados" sobre alguns dos

---

32 Pesquisa empreendida a partir da análise de edições de *O Estado de São Paulo* entre 1929 e 1930 do acervo do Arquivo Público do Estado de São Paulo.

costumes dos brasileiros. Sem especificar quais eram, Gervásio de Moraes acusava Robert Abbott de semear a intolerância racial no seio da sociedade brasileira.[33]

No entanto, a imagem de Abbott enquanto agente sedicioso aventada por Gervásio de Moraes logo se transformaria, e o jornalista norte-americano passaria a ser tratado como parceiro. Na edição de junho de 1928, *O Clarim da Alvorada* trazia um artigo em que expressava a "intenção de se tornar um defensor da causa negra assim como havia se tornado o *Chicago Defender*". O jornal brasileiro retornava na quarta edição daquele ano para levar adiante a luta dos negros do Brasil, "do mesmo modo que o jornal norte-americano lutava em defesa dos negros dos Estados Unidos". Embora "os negros tivessem o direito à cidadania no Brasil, diferentemente da condição dos da grande república norte-americana, era necessário que o jornal se fizesse presente para manifestar a opinião da população negra de São Paulo".[34]

A referência direta ao *Chicago Defender* apareceria em outras edições como fonte de informações, ou até mesmo como revelação dos interesses dos norte-americanos nos rumos do ativismo negro no Brasil e na cidade de São Paulo. No mês de setembro de 1928, a edição de comemoração da Lei do Sexagenário trazia mais um artigo que homenageava a Mãe Preta. O interessante, entretanto, foi o fato de o autor, o cônego Olympio de Castro, fazer menção ao *Chicago Defender*, que já há algum

---

33 "Inquisição moderna". *O Clarim da Alvorada*, São Paulo, 14 de novembro de 1926, p. 2.

34 "Um jornal pelo interesse dos homens pretos". *O Clarim da Alvorada*, São Paulo, 3 de junho de 1928, p. 2.

tempo demonstrava interesse na campanha pela "canonização" da imagem da Mãe Preta. Castro reproduziu uma frase de uma carta enviada por Robert Abbott em que o jornalista pedia mais imagens e informações sobre a organização em torno do monumento à personagem. Para situar o jornalista norte-americano, o cônego enviou a ele uma edição de *O Clarim da Alvorada* do mês de maio do mesmo ano.[35]

Como nos mostra a historiadora Micol Seigel, Robert Abbott trocou informações com duas publicações brasileiras: *A Notícia*, jornal de grande circulação no Rio de Janeiro e, posteriormente, *O Clarim da Alvorada*. No período em que permaneceu no Brasil, no ano de 1923, Abbott estabeleceu contatos com personalidades do mundo negro no Rio de Janeiro. Com a proposta de criação de um monumento à Mãe Preta, em 1926, promovida primeiramente por *A Notícia*, o jornalista norte-americano, interessado na simbologia da personagem, restabeleceu seus contatos na cidade, criando um intercâmbio de exemplares entre os jornais.[36] Assim que *O Clarim da Alvorada* tomou parte da campanha pela homenagem à Mãe Preta, Cândido Campos, redator do jornal *A Notícia*, o cônego Olympio de Castro e o jurista Evaristo de Moraes, que colaborava com diversos jornais da imprensa negra paulista, se encarregaram da aproximação entre o *Chicago Defender* e o periódico negro da cidade de São Paulo.

A publicação norte-americana se transformaria, então, não somente em uma fonte de notícias, mas também em um modelo de jornalismo combativo. Isso é o que nos indica a edição de novembro de 1929, em que *O Clarim da Alvorada* trazia uma nota

---

35 "Mãe preta". *O Clarim da Alvorada*, São Paulo, 28 de setembro de 1928, p. 2.
36 SEIGEL, Micol. *Op. cit.*

sobre o parceiro norte-americano, com o título que reproduzia o seu cabeçalho na língua original: "*Chicago Defender, The World's Greatest Weekly*". Depois de elogiar a publicação pelo papel que vinha desempenhando como liderança na "orgulhosa terra dos preconceitos raciais", o jornal brasileiro assinalou que os negros norte-americanos haviam criado os instrumentos necessários para reivindicar os direitos da "raça negra". Sugeria, assim, que os passos trilhados pela publicação de Robert Abbott poderiam servir de exemplo, não somente para *O Clarim da Alvorada*, como também para outras publicações da imprensa negra da cidade de São Paulo.[37]

Os artigos e pequenas notas selecionadas do *Chicago Defender*, pelos articulistas brasileiros, ajudaram a delinear o "mundo negro" que se desenhava em *O Clarim da Alvorada*, ainda que cometesse alguns equívocos. Na edição de março de 1929, o jornal negro paulistano publicou uma nota sobre os erros em uma notícia publicada no *Chicago Defender*, na qual discorria sobre a presença do presidente norte-americano Herbert Hoover no Brasil, em 1928. O jornal dos Estados Unidos havia noticiado uma solenidade no palácio do governo brasileiro em que Hoover havia comparecido. Com a presença de pessoas de diferentes tons de pele, o evento foi retratado pelo periódico norte-americano como um aprendizado para Hoover, pois o episódio revelava ao presidente a possibilidade de convívio harmonioso entre pessoas de diferentes "raças". Entre eles estaria João Cândido, já considerado como herói negro da Revolta da Chibata. A nota de *O Clarim da Alvorada*, entretanto, questionava

---

37 "Chicago Defender, World's Greatest Weekly". *O Clarim da Alvorada*, São Paulo, 24 de novembro de 1929, p. 1.

a presença do almirante negro. O jornal alegava que era infundada a notícia veiculada pelo jornal negro norte-americano.[38] As informações sobre os Estados Unidos vindas do *Chicago Defender*, *Negro World* e dos grandes jornais da imprensa brasileira passaram a ser citadas com maior frequência justamente no momento em que José Correia Leite anunciava uma fase mais combativa para o jornal, no ano de 1928. Enquanto nos artigos que tratavam das questões especificamente nacionais, os jornalistas de O Clarim da Alvorada contestavam o paraíso racial, criticando o "privilégio" alcançado pelos imigrantes europeus; nas mesmas páginas se configurava um campo de debate que aos poucos conformava uma perspectiva transnacional de trocas de informações, indicação de diagnósticos e propostas de soluções para a situação do negro no Brasil e nos Estados Unidos.

PARAÍSOS E INFERNOS RACIAIS

Como vimos anteriormente, nas páginas de *O Clarim da Alvorada* aos poucos se configurou um projeto de integração do negro à sociedade brasileira. A campanha pela ereção de um monumento à Mãe Preta talvez tenha sido a que melhor expressou os termos desse projeto. Através da imagem de uma mulher amamentando uma criança branca, os editores do jornal e os ativistas da época procuraram repensar um Brasil que incorporasse simbolicamente negros através da ideia de colaboração dos escravos para a construção da nação.

Nesse sentido, todos os símbolos e discursos deveriam ser cuidadosamente colocados para que clamores pela união de negros

---

38 "O almirante negro". *O Clarim da Alvorada*, São Paulo, 3 de março de 1929, p. 4.

não soassem como uma reação negra contra brancos. O que faremos agora é examinar especificamente os artigos que trataram, de uma forma ou de outra, das experiências negras nos Estados Unidos. Em muitos casos elas foram usadas como contraexemplos para destacar a importância da integração do negro, em outros como exemplos de organização política, os quais poderiam se tornar uma referência ou inspiração para iniciativas a serem adotadas pelos negros do Brasil.

A ideia de retorno à África talvez tenha sido a que mais se chocou com os ideais da publicação brasileira e do ativismo negro da época. A luta pela soberania do continente africano e sua concepção como a terra para a "raça negra" espalhada pelo mundo comprometia a intenção dos negros de São Paulo em promover a integração à sociedade brasileira. Segundo José Correia Leite, o grupo responsável pela tradução dos jornais e pela coluna Mundo Negro de *O Clarim da Alvorada* era reconhecido como uma ala de admiradores de Marcus Garvey, mas com menor influência na redação. Ainda assim, eles não defendiam nenhum retorno ao continente africano. O que mais interessava aos jornalistas brasileiros no projeto de Marcus Garvey era a mensagem que estimulava a autodeterminação entre os negros brasileiros. Sobre a influência do líder pan--africanista, Leite comentou:

> O movimento garveysta entre nós ficou restrito, mas serviu para tirar certa dubiedade do que nós estávamos fazendo. Procurávamos fazer doutrinação, uma espécie de evangelização. As ideias de Marcus Garvey vieram reforçar as nossas. Com elas nós criamos mais convicção

de que estávamos certos. Fomos descobrindo a maneira sutil do preconceito brasileiro, a maneira de como a gente era discriminado.[39]

Nesse sentido, os primeiros artigos publicados no jornal que abordaram a comparação entre os padrões raciais brasileiro e norte-americano afirmavam a intenção de forjar uma fraternidade "racial". O receio dos jornalistas de *O Clarim da Alvorada* de que um apelo acima da medida pudesse criar um quisto racial entre os brasileiros implicava na concepção de um discurso ambíguo por parte dos articulistas. Se por um lado denunciavam casos de discriminação, por outro procuravam afirmar a brandura ou, até mesmo, a ausência do preconceito no Brasil. Na edição de junho de 1925, o jornal publicou um artigo sobre a gratidão que o povo brasileiro devia aos africanos e seus descendentes, que trabalharam de maneira extenuante para a construção da nação. Aqui, "os senhores eram mais benévolos que os dos Estados Unidos, os negros tiveram mais oportunidades e formaram uma classe formidável". Enquanto nos Estados Unidos brancos e negros se separavam até na morte (em cemitérios de pretos e cemitérios de brancos, por exemplo), a população negra teve participação efetiva na sociedade brasileira:

> Já nos tempos coloniais, determinava o rei (provisão de 9 de Maio de 731) que o acidente de cor não constituía obstáculo para que um homem exercesse o cargo de procurador da coroa. Por alvará de 12 de janeiro de 733, aprovava ter um

---

[39] LEITE, José Correia. *E disse o velho militante José Correia Leite*. São Paulo: Noovha América, 2007, p. 80-81.

governador alistado, nos corpos de infantaria de ordenanças, pardos com brancos, sem distinção, confiando que os primeiros o servissem com o mesmo zelo e fidelidade dos segundos. Nos Estados Unidos, mesmo agora, a desigualdade social entre pretos e brancos subsiste até depois da morte; em certos lugares há cemitérios diferentes para uns e outros! Durante o reinado de D. Pedro II vários descendentes de africanos mereceram condecorações e títulos nobiliárquicos. Que bela galeria de negros e filhos de negros ilustres apresenta o Brasil.[40]

José Correia Leite reforçaria tal ideia ao afirmar que no Brasil não existia o preconceito de cor. Diferentemente dos Estados Unidos, onde negros e brancos viviam separados, cada qual cuidando de suas "coisas", no Brasil todas as "coisas" eram dos brasileiros. O jornalista procurava demonstrar que *O Clarim da Alvorada* lutava pela "evolução moral dos pretos de São Paulo sem causar nenhum tipo de revolta nos cidadãos brasileiros". Ao estabelecer a comparação com o ambiente segregado da sociedade norte-americana, Leite manifestava o sentimento patriótico, que permeava a maioria dos artigos de sua publicação:

> O dia que grupos escolares não aceitarem mais os nossos filhos, se as academias não receberem mais a nossa mocidade, para maior gloria da raça que descendemos, então os homens pretos do Brasil se unirão para a formação de tudo quanto necessitamos. Lá na América do

---

40 "Os negros". *O Clarim da Alvorada*, São Paulo, 26 de julho de 1925, p. 4.

> Norte, onde o preconceito é um fato, o que é do
> preto é do preto, o que é do branco é do branco.
> Aqui não, tudo quanto é do Brasil é nosso, com
> exceção de qualquer coisinha que não se pode
> qualificar como preconceito.[41]

O empenho para se afirmar uma "brasilidade" do negro no brasil, evitando uma identidade fechada ou separada da dos brancos, como a dos negros norte-americanos, provocou reações agressivas contra a situação dos Estados Unidos, como a de Gervásio de Moraes, relatadas anteriormente. A associação direta no modo como *O Clarim da Alvorada* discutia a questão racial no Brasil, se apropriando de parte dos ideais como o de Marcus Garvey, poderia significar um desvio em relação a uma tradição brasileira que surgira do caldeamento entre três "raças" (negra, branca e indígena). A base do apelo do jornal e do ativismo daquele período era justamente a ideia de que o negro, devido à sua participação fundamental na história econômica brasileira, era o elemento representativo da nacionalidade. Sendo assim, a presença do redator do *Chicago Defender* no Brasil, em 1923, poderia ser interpretada até mesmo como uma má influência de um racialismo próprio dos Estados Unidos sobre uma suposta fraternidade entre negros e brancos.

> Do formidável país de Lincoln, daquela nação
> sólida e viril, de férrea vitalidade econômica
> não nos servem os credos e doutrinas sociais.
> A ideia Abbotina, importando capacidades

---

41 "Quem somos". *O Clarim da Alvorada*, São Paulo, 14 de novembro de 1926, p. 3.

> negras para a separação racial no Brasil, equivale a uma disjunção dinâmica e violenta.
>
> Enquanto o negro norte-americano desabotoa o peito e se atira contra o branco numa luta exterminante, bárbara e sanguinária, arrastado pelo ódio mortal; enquanto corre pelas sarjetas os jatos estuantes de sangues irmãos, o negro brasileiro estende a mão da fraternidade aos brancos e fortalecem o cunho de amizade que os ligam porque, apesar de tudo, do nosso esforço educativo, não nutrimos ódio contra quem, em épocas longínquas, dominou pelo poderio e venceu pela chibata.[42]

Nos comentários de Moraes sobre a presença do jornalista norte-americano no Brasil, podemos perceber duas questões que perpassam os artigos publicados em *O Clarim da Alvorada* sobre os Estados Unidos: a violência racial das políticas segregacionistas e a imagem da nação norte-americana como uma potência econômica, a que melhor expressava a modernidade tão aspirada pelos paulistas naquele período. Ainda que, nas palavras dos jornalistas, os Estados Unidos fossem um país forte e tivessem uma economia vigorosa, estavam longe de ser um exemplo para os brasileiros, sobretudo para os negros. Na opinião de Gervásio de Moraes, os Estados Unidos eram "a nação pensadora do universo"; contudo, os excessos "na ordem e na harmonia logo deram origem a uma série de práticas intolerantes". A "terra das originalidades" e do "utilitarismo prático"

---

42 "A inquisição moderna". *O Clarim da Alvorada*, São Paulo, 14 de novembro de 1926, p. 2.

havia se transformado num cenário de espetáculos deprimentes, como as ações da organização racista Ku Klux Klan.[43] Seguindo a mesma lógica, Horacio Cunha, já citado, procurou esfriar os ânimos de supostos ativistas que defendiam a autodeterminação dos negros norte-americanos. Na edição de fevereiro de 1928, ele fez uma ressalva sobre os negros da América do Norte. Cunha advertia aqueles que demonstravam uma admiração sem limites às conquistas dos negros nos Estados Unidos. Para conter o "entusiasmo" dos brasileiros, ele fazia a observação de que o progresso dos negros norte-americanos, verificado a partir de criações de inventores negros como o aparelho para telefones e a pianola, nada mais era do que consequência do alto nível de industrialização dos Estados Unidos. Assim que o Brasil, uma nação jovem, atingisse o estágio dos norte-americanos, naturalmente os negros do Brasil chegariam ao nível dos seus "irmãos". Cunha, sobretudo, demonstrava certa preocupação com a afirmação de superioridade dos negros norte-americanos sobre os brasileiros, de que o caminho a ser seguido deveria ser aquele trilhado pelos "irmãos" dos Estados Unidos. Para rebater a imagem enaltecida dos negros norte-americanos, também comentou sobre o caso de alguns deles que vinham para o Brasil e não se preocupavam em aprender o português, demonstrando certa arrogância e indiferença em relação aos brasileiros. O jornalista de *O Clarim da Alvorada*, assim como outros dos seus colegas, reforçava a ideia de um convívio

---

43 A Ku Klux Klan era uma organização racista de extrema direita, nascida no período após a Guerra Civil nos Estados Unidos, que se prontificava a defender alguns dos ideais sulistas, e a supremacia branca e protestante. Ao longo da sua história de intolerância, a Klan atuou contra negros, imigrantes, comunistas etc.

entre negros e brancos, afirmando que o preconceito no Brasil poderia ser facilmente contornado com educação e trabalho.⁴⁴ O jornal recebia também artigos de pessoas que não pertenciam ao seu quadro; havia abertura para opiniões diferentes sobre os negros norte-americanos. Numa edição posterior àquela que Horacio Cunha havia criticado o modo como alguns negros da capital se referiam aos irmãos da América do Norte com certo "deslumbramento", *O Clarim da Alvorada* publicou um artigo sem o autor identificado que se opunha ao argumento apresentado pelo jornalista. O objetivo era o de demonstrar que, apesar dos inúmeros atos violentos de racismo, os negros dos Estados Unidos ainda poderiam se orgulhar de suas conquistas. O tal orgulho a que se referia era o de encarar o próprio grupo de forma positiva, o de triunfar em momentos de extrema dificuldade. Segundo o desconhecido autor, "os norte-americanos haviam chegado a tal nível de organização porque tiveram que encarar o preconceito dos brancos em seu país". No caso dos brasileiros, a história havia tomado outro rumo, existia realmente uma comunhão entre negros e brancos. "O problema do negro não era o preconceito que sofria da sociedade; caso existisse algum tipo de tensão racial entre os brasileiros, os negros do Brasil já teriam se organizado há muito tempo". No país não existia uma questão racial como nos Estados Unidos, o "negro deveria apenas trabalhar para o próprio bem e para o bem da pátria". Contudo, essa situação não "privava o brasileiro de admirar os feitos dos negros na nação norte-americana".

---

44 "Os pretos da América do Norte e os pretos da América do Sul". *O Clarim da Alvorada*, São Paulo, 5 de fevereiro de 1928, p. 1.

Apesar de tentar fazer uma comparação que demonstrasse as singularidades de negros brasileiros e norte-americanos, o autor não conseguiu esconder o seu desconforto em relação à "inércia" dos negros brasileiros. Aqui ele manifestou a opinião daqueles que admiravam as "conquistas" dos negros norte-americanos: a de que faltavam os obstáculos dos conflitos raciais dos Estados Unidos para que os negros do Brasil progredissem. Para ele, a segregação racial, apesar de profundamente injusta, havia criado as condições para que os negros se organizassem, lutassem para melhorar suas condições, não só se indispondo contra os brancos, mas voltando-se para as melhorias da comunidade negra. No final de seu artigo, para demonstrar a capacidade dos norte-americanos, ele fez a citação dos vários jornais publicados por negros nos Estados Unidos, demonstrando conhecimento sobre a imprensa negra norte-americana:

> Não podemos viver toda a vida a esperar... a esperar... e num eterno retrocesso. Os negros norte-americanos têm o direito de ser admirados, a prova está neste belo exemplo. Possuem os negros da América do Norte, atualmente, mais de duzentos jornais, sem se contar suas revistas. Entre eles destacam-se em primeiro plano o The Chicago Defender, Philadelphia Tribune, The Afro American, The Negro World e The Washington Eagle. Agora, nós aqui? Numa capital como esta, temos o quê?... Com grande sacrifício, um minúsculo periódico: O Clarim da Alvorada, e lá em Piracicaba outros patrícios nobres e sensatos lutam para a

publicação de O Patrocínio. E aqui fica a mais pura das verdades.[45]

A partir de 1928, se tornaria comum a convivência nas páginas do jornal de uma tendência de sublinhar as singularidades brasileiras, rechaçando o modelo violento norte-americano, e outra de admiração à organização política dos negros norte-americanos, realçando a necessidade de modernização, organização e empreendimento do negro, ainda que rejeitassem os excessos a que chegaram nos Estados Unidos, como a separação radical entre negros e brancos. Os artigos e notas dos jornais negros norte-americanos, junto com as fontes da grande imprensa brasileira, reproduziram e discutiram estas duas visões sem criar grandes conflitos. Os jornalistas de *O Clarim da Alvorada* construíram um quadro social e político das relações entre negros e brancos nos Estados Unidos, muitas vezes através de seleções específicas das notícias e opiniões das fontes originais e, muitas vezes, sem identificá-las. O *Chicago Defender* e o *Negro World*, publicações que lutavam em favor dos negros norte-americanos, divergiam em suas posições políticas – o primeiro em favor de uma cidadania negra nos Estados Unidos e o segundo em favor de valorização do continente africano. Contudo, nas páginas do jornal brasileiro, em virtude do cuidadoso processo de seleção realizado pelos jornalistas, os propósitos dos jornais norte-americanos foram discutidos, mas também manipulados, para que quando inseridos na folha brasileira estivessem afinados com o projeto político dos editores: rechaçar a separação

---

45 "Na terra do preconceito". *O Clarim da Alvorada*, São Paulo, 4 de março de 1928, p. 3.

radical entre negros e brancos e reivindicar a inclusão à sociedade brasileira.

O que sublinha a importância da seleção das notícias e opiniões e a reprodução de informações internacionais em o *Clarim da Alvorada* é o fato de os artigos escritos por brasileiros sobre as experiências negras estrangeiras diminuírem drasticamente, sobretudo os destinados a retratar o "terror racial" presente na sociedade norte-americana. As notícias sobre os atos de discriminação e linchamentos ganhavam autoridade e veracidade porque vinham de fontes daquele país, ajudando a reforçar o argumento dos jornalistas brasileiros sobre o perigo de uma abordagem racialista como a dos negros norte-americanos.

Dos males da segregação racial

As notícias sobre a violência nos Estados Unidos deram conta de introduzir o leitor ao "universo racial" do país, retratando a outra face de uma nação considerada como referência de modernidade. As fontes norte-americanas ajudaram a alimentar o imaginário já construído de uma sociedade segregada que trilhava o caminho oposto ao da sociedade brasileira; casos de linchamentos, organizações racistas e assassinatos passaram a ser publicados com frequência nas páginas de *O Clarim da Alvorada*.

No ano de 1929, o jornal pouco publicou sobre o assunto, mas trouxe um episódio dramático que ajudou a ilustrar como as relações entre negros e brancos se davam nos guetos das grandes cidades norte-americanas, onde a população negra se via segregada. A notícia, que tinha como fonte o *Negro World*, tratava do assassinato de um negro por irlandeses na cidade de Chicago.

Charles Mallor, que caminhava acompanhado de sua esposa, com a ansiedade de retornar logo ao seu lar, resolveu cortar caminho por um outro bairro e foi surpreendido por um grupo de jovens irlandeses. Acusado de cometer a "infração" de atravessar uma linha imaginária entre o bairro de negros e o de irlandeses, o homem foi surrado até a morte em frente à esposa. Mallor, que tinha a idade de 47 anos, havia visitado um amigo doente e pretendia deixar a esposa em casa para depois voltar ao trabalho. Após acompanhar dramaticamente o espancamento do marido, a mulher fugiu aterrorizada do distrito irlandês.[46]

No ano de 1930, esse tipo de violência "racial" nos Estados Unidos foi noticiado com frequência maior. Entre os inúmeros casos de brutalidade, *O Clarim da Alvorada* destacou uma tentativa de linchamento coletivo, desta vez no sul dos Estados Unidos. O curioso – e o que nos chama atenção para a construção da notícia na publicação brasileira – é o fato da informação ser atribuída ao *Washington Tribune*, mas a ilustração, com a imagem (bastante difundida) de um homem negro enforcado em uma árvore, ser creditada ao *Chicago Defender*, demonstrando como se operava "a reunião de peças" e a montagem das notícias nacionais e internacionais em *O Clarim da Alvorada*.

De maneira inconformada, o autor da reportagem se queixava da ocorrência de quatro linchamentos em menos de um mês nos estados do sul: Mississipi, Carolina do Sul, Geórgia e Texas. No caso deste último, relatava que uma multidão de homens e mulheres invadira a corte para linchar um cidadão negro que estava em julgamento. Depois de atacar o réu, a horda de cinco

---

46 "Preconceitos de raça". *O Clarim da Alvorada*, São Paulo, 18 de agosto de 1930, p. 1.

mil pessoas se dirigiu aos bairros negros de uma cidade texana, não identificada, forçando a retirada das famílias negras. Após o tumulto, negócios e casas foram arrasados. No texto havia a manifestação, mais uma vez, de uma oposição entre os "Estados Unidos moderno" e os "Estados Unidos bárbaro". "A terra livre, centro financeiro do mundo, que enviava seus missionários aos lugares mais bárbaros, revelava o seu lado selvagem com os atos de brutalidade contra a população negra". Com essa colocação, o autor subentendia uma importante questão: afinal, o que vinha a ser a modernidade ou a civilização? demonstrava, assim, uma percepção aguda ao refletir sobre os sentidos e os limites dos dois termos. Em tom desanimador, ele temia que a não aplicação da lei pudesse piorar ainda mais a situação:

> A situação está se tornando grave, e alguma lei nacional é necessária para compensar o que será o último resultado de tais homicídios.
>
> Cidadãos não somente da raça negra e seus mestiços estão adoecidos pela hipocrisia e *camouflage* praticados nos Estados Unidos da América do Norte. A declaração da independência e a constituição estão sendo ignoradas pela administração nacional. Há um espírito crescente de desassossego entre os membros de nossa raça, os quais podem culminar no que tem sido predito: uma guerra entre as raças brancas e negras.
>
> [...] Os Estados Unidos da América do Norte serão uma nação que viverá segundo a sua constituição, ou estará satisfeita com a condição indecisa que pode transformar as ruas das

mais belas cidades, arquiteturas e civilizações em verdadeiros rios de sangue?[47]

Se na grande imprensa brasileira os Estados Unidos tinham um espaço reduzido, destacando-se as notas e notícias que reafirmavam a potência econômica, em *O Clarim da Alvorada* o país tinha um destaque maior, porém com seus aspectos negativos ressaltados. O *Chicago Defender*, publicação que se dedicou a denunciar a violência contra os negros, sobretudo nos estados do sul dos Estados Unidos, foi fundamental para a composição desse quadro social conturbado. O jornal também serviu de fonte para outro episódio de linchamento no estado do Texas, que discorreu sobre o caso inusitado de um homem branco como vítima. Um ladrão de banco, chamado de lunático pelo *Chicago Defender*, aguardava o exame de sanidade mental em uma cadeia do referido estado, quando foi surpreendido e linchado por uma multidão. Após a ocorrência do fato, as autoridades do Texas condenaram publicamente o linchamento, considerando o episódio como vergonhoso e uma mancha para a história do estado. A reportagem serviu para demonstrar como as autoridades de diferentes níveis se mobilizaram em torno do evento, confrontando os modos distintos com que eram tratados esses linchamentos ou outras execuções sumárias quando a vítima era branca e quando era negra. "Embora as autoridades lamentassem os casos de violência contra a população negra, nunca se esforçaram para levar os criminosos à justiça".[48]

---

47 "A lei do lynch". *O Clarim da Alvorada*, São Paulo, 28 de setembro, p. 4.

48 "Um linchamento no Texas". *O Clarim da Alvorada*, São Paulo, 13 de abril, p. 4.

Além dos atos brutais cometidos contra os negros norte-americanos, sem a devida atuação da polícia, da justiça e dos dirigentes nos casos, *O Clarim da Alvorada* publicou também alguns casos de discriminação. Na edição de dezembro, o jornal informou os seus leitores sobre o conflito entre um grupo de estudantes e uma associação cristã na cidade de Cleveland. Um garoto negro havia sido convidado por seus amigos brancos para jogar bilhar em uma das filiais da associação, mas a instituição se pronunciou contra a presença do rapaz convidado. O texto manifestava indignação e questionava a associação por ostentar a palavra cristianismo em seu nome, já que corrompia os "valores de igualdade e fraternidade, propostos tanto pela religião quanto pela sociedade norte-americana".[49]

Seja através de atos violentos de linchamentos e de enforcamentos ou através de situações embaraçosas de discriminação racial em espaços públicos, *O Clarim da Alvorada* ajudou a delinear no imaginário de seus leitores uma cultura racista norte-americana que permeava todas as esferas sociais. Ainda que, como observamos nos artigos e notas aqui reproduzidos, a imagem de uma potência moderna estivesse em jogo – indicando esse aspecto positivo dos Estados Unidos –, o retrato negativo daquele país ao lado dos artigos que celebravam uma possível identidade brasileira, baseada na fraternidade racial, reforçavam o apelo dos jornalistas por um projeto de integração, enfatizando a ideia do Brasil como um país com vocação para a conciliação entre as "raças". A verdade é que a seleção de determinadas notícias negativas sobre os Estados Unidos,

---

49 "Ameaça ao cristianismo a aos valores americanos". *O Clarim da Alvorada*, São Paulo, 7 de dezembro de 1930, p. 4.

especialmente as que mostravam os excessos da segregação racial, serviram como contraexemplo e permitiram aos jornalistas fortalecerem os contornos do seu projeto e a sua proposição de integração dos negros à sociedade brasileira.

Mesmo que no final da década de 1920 os articulistas de *O Clarim da Alvorada* reclamassem de uma política que privilegiasse os trabalhadores imigrantes e até mesmo flertassem com a retórica xenófoba dos grupos de direita, não havia no Brasil um grupo racista como a Ku Klux Klan. A segregação racial atingia os quatro cantos dos Estados Unidos, "institucionalizando" o racismo. Esse sentimento foi expresso em uma matéria, publicada em duas partes, sobre a força da Ku Klux Klan no país, informando sobre a "poderosa e cruel sociedade que atuava contra os negros norte-americanos". Na primeira parte, o jornal relatou o processo de iniciação de seus membros que, além do compromisso de manter em segredo alguns dos princípios da organização, deveriam manifestar uma espécie de devoção à história dos estados do sul e refutar sob qualquer circunstância a integração social dos negros. O texto discorreu sobre a atuação da organização e alguns atos de terror cometidos contra a população negra. Entre estes, foram citados os casos de mutilação de um comerciante e um dentista que haviam se relacionado sexualmente com mulheres brancas, ocorrências muito comuns naquele período. Outra observação feita foi a do grau de organização do grupo, que sempre se antecipava às autoridades legais, policiando as cidades em que estavam presentes.[50]

O Clarim da Alvorada continuou com a segunda parte da matéria logo na edição seguinte. Curiosamente, o jornal trouxe

---

50 "Ku Klux Klan". *O Clarim da Alvorada*, São Paulo, novembro de 1930, p. 2.

informações sobre origem da organização – o usual seria apresentá-las na primeira parte –, o que nos fez deduzir que os editores tenham invertido o artigo, publicando primeiramente a segunda parte da matéria. De acordo com *O Clarim da Alvorada*, a Ku Klux Klan havia sido fundada em 1866 e seu nome viria do grego, significando um círculo ou sociedade numerosa de pessoas. Aqui o texto contextualiza a organização, demonstrando como os antigos proprietários de escravos usaram poderes coercitivos sobre negros e brancos que cometiam delitos com o pretexto de defender a ordem. A Ku Klux Klan foi tratada como uma organização secreta carregada de mistérios, marcada por seus membros mascarados e uma estrutura hierárquica fora do comum. O registro de uma carta de um dos membros, relatando a satisfação de debutar por um grupo empenhado em consertar os danos morais e sociais causados por judeus, negros e católicos, expressava a paranoia dos radicais norte-americanos em torno da questão racial no país. Para finalizar, o artigo ainda citou o poderio da Ku Klux Klan com a declaração de um dos seus membros, se oferecendo para disponibilizar 260 fuzis em caso de conflito direto com "inimigos".[51]

A versão da Ku Klux Klan retratada por *O Clarim da Alvorada* estava de acordo com os registros históricos daquele período. O artigo fazia referência a uma segunda fase da organização, revivida em 1915 com impulso do hoje clássico filme *O nascimento de uma nação*, de David W. Griffith, longa-metragem que trazia a narrativa ficcional da redenção do sul norte-americano, após

---

51 "Ku Klux Klan". *O Clarim da Alvorada*, São Paulo, dezembro de 1928, p. 2.

a Guerra Civil, a partir do retorno da Ku Klux Klan.[52] Esta organização, revivida por Wilson Simmons, ex-pastor metodista do sul dos Estados Unidos, era uma resposta à ânsia de parcela da população branca pela restauração de um período de americanismo corrompido pela abolição da escravatura e a chegada em massa de imigrantes nas duas primeiras décadas do século XX. Em um primeiro momento, a ordem preservou o formato de uma sociedade com cerimônias fechadas, mas, com crescimento estrondoso do número de membros, voltaria a protagonizar mais amplamente o terror através de linchamentos e enforcamentos nas cidades em que estava presente.

O retrato feito por *O Clarim da Alvorada* sobre os Estados Unidos como um país profundamente racista, no qual organizações de extrema direita atuavam sem os julgamentos e impedimentos legais, ainda que fossem protagonistas da modernidade, foi reforçado após a crítica à falta de empenho do presidente para conter a violência dos tumultos provocados, principalmente nos estados do sul. Nesse período em que aumentaram as informações sobre o país nas páginas do jornal brasileiro, a administração estava sob as mãos do republicano Herbert Hoover, que governou entre os anos de 1929 e 1933, sob o impacto da depressão que tomou conta do país com a crise de 1929, entre outros problemas. No caso do chefe de Estado norte-americano, foram publicadas duas notícias, em 1930, sobre sua suposta inércia quando os assuntos se tratavam de casos de discriminação e linchamento. O evento mais marcante – amplamente difundido

---

52 Ver WADE, Wyn Craig. *The fiery cross: the Ku Klux Klan in America*. Nova York: Oxford University Press, 1998 e CHALMERS, David Mark. *Hooded Americanism: the history of Ku Klux Klan*. Durham: Duke University Press, 2003.

entre a imprensa negra nos Estados Unidos – foi o de discriminação racial contra as mães negras de soldados mortos na Primeira Guerra Mundial, divulgado por *O Clarim da Alvorada* a partir de fonte não identificada.[53] Nessa ocasião, o departamento de guerra dos Estados Unidos havia disponibilizado um navio da Marinha para que as mães pudessem visitar os túmulos de seus filhos na França. Contudo, às mães dos soldados negros sobrou somente a alternativa da viagem em navio comercial e em instalações inferiores. Todas elas faziam parte da organização Golden Star Mothers – responsável por defender os direitos das mães e viúvas de soldados mortos em serviço militar –, porém somente às mulheres brancas foi reservado o direito de participar das reuniões de preparo para a viagem. Certamente não coube a estas a decisão de ocuparem embarcação da Marinha e às negras tomarem uma embarcação comercial com instalações inferiores, porque estamos tratando de navios que pertenciam ao governo federal. Essa medida foi tomada pelo governo e com o aval das mulheres brancas. Para contestar a decisão do departamento de guerra, 55 mães negras assinaram uma carta de protesto e a enviaram para o presidente Herbert Hoover. *O Clarim da Alvorada*, manifestando sua indignação, publicou trechos traduzidos da carta:

> Quando a chamada às armas veio de nosso governo em 1917, as mães, irmãs e esposas, apesar da raça, cor de pele, ou credo, foram pedidas para dar seus amados para que o mundo pudesse ser salvo pela democracia. A

---

53 GURIN, Patricia. *Hope and independence: blacks' response to electoral and party politics*. Nova York: Russel Sage Foundation, 1989, p. 28.

essa chamada respondemos livre e espontaneamente. Durante os anos que têm passado, desde que a morte arrebatou os nossos queridos, a nossa angústia e dor tem sido mitigadas pela realização que aqueles que nos eram caros, que descansam no solo da França, que deram as suas vidas afim de que o mundo pudesse ser um melhor lugar no qual os homens de todas as cores e raças pudessem viver.

Dez anos depois do armistício, os altos princípios de 1918 parecem ter sido olvidados, nós que os demos, que somos coloridas, nos sentimos insultadas pela implicação que não somos dignas para viajar com outras também despojadas daqueles que lhe eram caros. Em vez de fazerem reuniões das mães da estrela de ouro sobre a base de locação geográfica, estamos postas de lado em um grupo separado, apartadas, segregadas e insultadas.

Apelamos ao senhor, como chefe executivo da nação e comandante em chefe do exército e da marinha para emitir uma ordem abolindo a ação injusta...[54]

De acordo com *O Clarim da Alvorada*, o governo norte-americano alegou que havia decidido por disponibilizar embarcações diferentes por temer um conflito racial. A maioria das mulheres que compunham o grupo das mães brancas era do sul dos Estados Unidos e, como dito, certamente, elas não

---

54 "Um justo protesto". *O Clarim da Alvorada*, São Paulo, 28 de setembro de 1930, p. 3.

tolerariam dividir a embarcação com as mães de soldados negros, já que tinham o "hábito de levar os seus filhos para acompanhar linchamentos". A resposta das mães negras, como pode ser acompanhada no registro acima, foi a de exigir a intervenção do presidente Herbert Hoover no caso de discriminação racial provocado pelo próprio governo. Para os jornais negros, o oferecimento de instalações adequadas nada mais era do que o reconhecimento da dor daquelas mulheres e a retribuição mínima após a luta dos soldados negros pela "causa da democracia".

Em *O Clarim da Alvorada*, a notícia do descaso para com as mães negras, junto de outras publicadas anteriormente, reforçava a imagem da potência mundial que tolerava as barbaridades cometidas principalmente contra a população negra. Enquanto o país fazia uso da força em nações da América Central e Caribe, como o Haiti,[55] revelava a sua incapacidade para frear o furor das multidões do sul dos Estados Unidos. Essa foi a questão abordada por um artigo selecionado no *Negro World*, publicado por *O Clarim da Alvorada* em julho de 1930. Mais uma vez, se exigia que Herbert Hoover se posicionasse contra os linchamentos, clamando pela ocupação militar nos estados do sul, ao invés de

---

55 Os Estados Unidos intervieram militarmente em vários países da América Central e do Caribe desde 1898, ano da Guerra Hispano-americana, quando os Estados Unidos entraram ao lado dos cubanos na guerra de Independência de Cuba, mas após o fim dos conflitos transformaram a ilha em protetorado norte-americano. A atuação dessa forma persistiu até 1933, quando Franklin Delano Roosevelt (1933-1945) assumiu o primeiro mandato e lançou a política da Boa Vizinhança no intuito de acabar com a intervenção armada na região. Contudo, desde então, América Central e Caribe são considerados como zona de segurança norte-americana. Ver SCHOUTZ, Larz. *Beneath the United States: a history of U.S. policy toward Latin America*. Cambridge: Harvard University Press, 1998.

entrar com as botas em pequenos países como o Haiti. O *Negro World* constatava o aumento de casos de linchamentos no sul, citando especificamente casos dos estados da Carolina do Norte e do Mississípi. O artigo, de modo irônico, fazia referência ao homicídio de negros como o "esporte" favorito da população branca do sul.

> Como pode os Estados Unidos da América do Norte encarar o mundo no falso pretexto de invadir os países pequenos, indefesos e fracos a fim de manter a lei e ordem que procuram introduzir no estrangeiro? Estão os canibais menosprezando as vítimas humanas?
>
> As estradas do sul do país estão bloqueadas de modo que os soldados norte-americanos não possam achar um caminho para invadir a Geórgia, Carolina do Norte, Carolina do Sul, Alabama, Mississipi e outros. Estados com proclividades de linchamentos? Há, ainda, alguma escusa para aquartelar forças norte-americanas nas terras indefesas da América Central e Haiti, enquanto negligenciamos aplicar o mesmo remédio aqui no país?[56]

No último trecho do artigo, foi manifestada a insatisfação com a indiferença e a imobilidade do presidente norte-americano, provocando o comentário de que os Estados Unidos estavam perdendo o senso de honra e justiça. Os enforcamentos, esquartejamentos, entre outras modalidades cruéis, não poderiam ser tratados

---

56 "Civilização de desumanos". *O Clarim da Alvorada*, São Paulo, 27 de julho de 1930, p. 4.

com a apatia que o governo norte-americano vinha dispensando a esses casos. O *Negro World* se interrogava se a justiça estava morta, fazendo mais uma vez o pedido de intervenção nos estados do sul a Herbert Hoover, se possível com um exército de negros.

Entre as várias histórias publicadas por *O Clarim da Alvorada* sobre a violência racial nos Estados Unidos, poucas vezes foram citados os sujeitos responsáveis por tais atos. O presidente norte-americano, ao lado da Ku Klux Klan, foi identificado no jornal brasileiro senão como um racista pelos menos como um colaborador ao não se preocupar, de acordo com as notícias, com a situação da população negra no país. De fato, a administração Herbert Hoover foi marcada pelos tumultos raciais no sul dos Estados Unidos. O presidente foi o primeiro republicano a ser eleito com o forte apoio dos eleitores dos estados do sul, que desde a conclusão da Guerra Civil se inclinavam ao conservadorismo dos candidatos democratas.[57] Por outro lado, foi nesse período que os eleitores negros passaram a questionar os republicanos, reconhecidos como defensores da causa abolicionista e da integração do negro desde Abraham Lincoln.[58] Nas eleições de 1928, já insatisfeitos com o presidente republicano Calvin Coolidge, parte do eleitorado negro apoiou o democrata Al Smith, nova iorquino católico de origem irlandesa, perfil pouco apreciado pelos brancos do sul.

Aqui é importante salientar que o voto negro não tinha, nesse período, a influência que tem desde a década de 1960.

---

57 SMITH, J. Douglas. *Managing white supremacy: race, politics, citizenship in Jim Crow Virginia*. Chapel Hill: The University of North Carolina Press, 2002, p. 190-193.

58 LICHTMAN, Allan J. *Prejudice and the old politics: the presidential election of 1928*. Lanham: Lexington Books, 2000, p. 158.

No princípio da Guerra Civil (1861-65), apenas cinco estados do norte dos Estados Unidos permitiam que os negros votassem, e o cenário político pouco mudou após o conflito que deu fim à escravidão. Durante a Reconstrução (1865-1877), o governo federal se esforçou para expandir o direito de voto a todos os homens norte-americanos, porém, por volta de 1890, os estados lançaram mão de artifícios jurídicos para afastar os negros das urnas.[59] Contudo, as tendências políticas do pequeno eleitorado negro servem como indicativo do modo como o pensamento racializado afetava o quadro político no país.

Alguns dos problemas do convívio entre as "raças" atribuídos aos Estados Unidos não estavam circunscritos ao seu território. *O Clarim da Alvorada* também publicou a reportagem de um jornal francês não identificado sobre a "má" influência *yankee* nos principais bares e cafés de Paris. A suposta harmonia entre os povos que se manifestava nas esquinas e estabelecimentos do país estava sendo ameaçada pelos turistas norte-americanos, que passaram a procurar entretenimento na capital francesa no período após a Primeira Guerra Mundial. De acordo com a reportagem, os clientes vindos dos Estados Unidos dominavam uma parcela considerável dos bares e cafés da cidade e não toleravam a convivência com negros de nenhuma parte do mundo, exigindo que fossem impedidos de entrar onde houvesse uma maioria norte-americana. Contudo, uma briga de bar envolvendo os príncipes da colônia francesa do Daomé – atual Benim – teve consequências de dimensões internacionais. O príncipe Kojo e seu irmão foram expulsos do Café El Garron, provocando uma reação

---

59 KEYSSAR, Alexander. *The right to vote: the contested history of democracy in United States*. Nova York: Basic Books, 2000.

imediata da justiça francesa, que cassou a permissão de funcionamento noturno do bar.

Além de informar o leitor sobre o espírito preconceituoso dos turistas norte-americanos, a reportagem francesa estabeleceu fronteiras entre franceses e norte-americanos no trato com a população negra. Enquanto os primeiros "não criavam qualquer tipo de barreira para os africanos interessados em desfrutar do entretenimento oferecido pelos cafés, não importando a cor da pele desde que pudessem pagar pelo consumo", os *yankees* foram retratados como "irracionais e intransigentes, grupo de pessoas que violavam o código de convivência de uma cidade de perfil cosmopolita como Paris".[60]

Nesse sentido, a sociedade norte-americana, a partir do quadro apresentado por *O Clarim da Alvorada*, se apresentava como o lugar onde o negro não poderia conquistar de maneira integral suas aspirações políticas, econômicas e até mesmo culturais; dada a sua condição inferior, deveria, por isso, manter-se em seu lugar. Em 1931, na edição de junho, o jornal brasileiro publicou uma pequena nota sobre um ato de autoexílio por parte do cantor negro Rolando Reyes. O norte-americano havia renunciado à cidadania norte-americana e iniciado o processo de naturalização na França.[61] Atendendo ao pedido de um jornalista, que não foi identificado por *O Clarim da Alvorada*, o cantor fez declarações sobre a sua experiência negativa enquanto

---

60 "A França, melhor amiga da raça negra". *O Clarim da Alvorada*, São Paulo, 25 de janeiro de 1930, p. 4.

61 O caso de Rolando Reyes foi um entre vários de artistas e intelectuais negros que abdicaram da cidadania norte-americana nesse período. William Du Bois, ativista e intelectual de destaque, se naturalizou em Gana. Já Josephina Baker, dançarina negra norte-americana, tornou-se cidadã francesa.

negro nos Estados Unidos, revelando situações de preconceito e humilhação. Reyes afirmou que "poderia melhor exibir o seu dom em um país que não tratasse as pessoas a partir da cor da pele como a França".[62]

Das conquistas negras nos Estados Unidos

Decisões extremas como a rejeição à cidadania norte-americana poderiam significar, para alguns leitores de *O Clarim da Alvorada*, que os negros norte-americanos conviviam em uma comunidade em que a possibilidade de ascensão social e a resposta à segregação estavam completamente vedadas. Contudo, assim como José Correia Leite e outros colaboradores de *O Clarim da Alvorada* reproduziram notícias sobre o terror racial nos Estados Unidos, exemplos de organização política também foram louvados como parte da experiência negra no país. O jornal publicou discursos de Marcus Garvey e seus seguidores contra a violência racial e a favor da união dos negros em torno de um projeto nacional sem a participação de brancos, além de casos de ascensão social de profissionais negros e perfis de lideranças políticas.

Se por um lado o contexto conturbado das relações entre negros e brancos nos Estados Unidos ajudava a delinear o projeto de integração do negro brasileiro, demonstrando como a opção pela separação entre negros e brancos poderia desencadear uma espécie de conflito semelhante à da sociedade norte-americana, por outro, a iniciativa de ativistas e empresários negros dos Estados Unidos poderia ser tomada como referência para organização dos negros na cidade de São Paulo. Nesse sentido,

---

62 "Um gesto de revolta de um cantor negro". *O Clarim da Alvorada*, São Paulo, 21 de junho de 1931, p. 4.

a posição de *O Clarim da Alvorada* não se resumiu à rejeição de estratégias que implicassem em projetos políticos de criação de uma comunidade negra fechada, separada da dos brancos, dentro da nação; o periódico também procurou enaltecer e estimular a autodeterminação de uma coletividade a partir de alguns exemplos considerados positivos na experiência negra norte-americana.

Entre os artigos e notas sobre a reação dos negros aos atos de violência racial nos Estados Unidos, os mais controversos foram aqueles relacionados à figura de Marcus Garvey. Como vimos anteriormente, o ativista jamaicano tinha uma posição radical quanto ao modo como negros deveriam responder ao racismo da sociedade norte-americana. Para ele, assim como foi o caso do artista acima mencionado, a renúncia à cidadania americana era o único caminho possível. Como numa espécie de revolução missionária, os negros dos Estados Unidos deveriam retornar à sua pátria de origem, a África, e ajudá-la a "evoluir" socialmente. A ideia de emigração de Garvey não ia de encontro às pretensões de *O Clarim da Alvorada* e das lideranças negras de São Paulo de incluir integralmente o negro à sociedade.

Havia, contudo, elementos nos discursos de Garvey e de seus seguidores que eram fundamentais para os brasileiros; a habilidade retórica para convocar os negros norte-americanos para participar de um projeto de "civilização" do negro e do continente africano, estimulando a autodeterminação de uma coletividade negra, era um deles. É claro que brasileiros e norte-americanos estavam em contextos históricos diferentes a ideia de organizações políticas negras com propostas mais radicais fazia muito mais sentido para comunidades segregadas dos Estados Unidos. Porém, a noção de raça não era estranha para os brasileiros e, como acompanhamos no primeiro capítulo, muitas instituições de cunho cultural tinham como objetivo agregar a população negra. Sendo assim, alguns aspectos da experiência política dos negros norte-americanos – considerada como bem-sucedida por jornalistas como José Correia Leite – serviram de referência para os brasileiros, demonstrando como a união entre negros poderia render frutos para uma estratégia de ascensão social coletiva.

Parte do estimulo à autodeterminação contida nas mensagens de *O Clarim da Alvorada* estava impregnada pelo discurso "racial" do *Negro World,* denunciando a intenção dos brancos de subjugar a população negra. Na edição de novembro de 1929, um dos seguidores de Garvey teve o seu artigo publicado pelo jornal brasileiro. Sem ser identificado, o autor clamava pela independência da população negra em relação aos brancos. Ele descreveu estes como seres de natureza ambiciosa, que fariam de tudo para esgotar a energia e os recursos das populações negras, submetendo-as ao seu domínio. A retórica do autor, revelando uma conspiração de brancos contra negros, tinha como função fazer a propaganda da UNIA – Universal Negro Improvement Association –, organização política de Marcus Garvey que se empenhava no projeto de retorno à África. No artigo publicado por *O Clarim da Alvorada*, o ativista jamaicano aparece como exemplo de insubmissão aos brancos, uma personalidade política que conseguia empreender os seus projetos sem depender dos anglo-saxões dos Estados Unidos.

> O homem branco está tentando tudo que está no seu poder para nos subjugar. Ele é um ladrão e ainda está roubando tudo que suas mãos podem pegar: ele está tentando enganar os negros a respeito de proteger o seu dinheiro e seus direitos.
>
> Sabeis que um gatuno tem ódio de ver alguém com um saco grande. Temos um líder que está fazendo todo o esforço para garantir os nossos direitos e estamos muitos satisfeitos com ele, não estamos pedindo para alguém nos proteger.[63]

Como observamos anteriormente, o projeto de *O Clarim da Alvorada* não levava em consideração uma identidade negra orientada pela cultura de influência africana, tratada naquele período como um elemento do passado, mas valores exprimidos por termos como progresso e evolução. No mês em que comemoravam mais um ano da abolição da escravatura, os jornalistas de *O Clarim da Alvorada* publicaram um artigo atribuído a Marcus Garvey no qual negava enfaticamente a inferioridade da "raça negra". Mais interessante do que a preocupação em afirmar a capacidade intelectual dos negros foi o reconhecimento da superioridade cultural dos europeus. Garvey acreditava que negros e brancos não poderiam conviver em harmonia, um não teria capacidade para entender o outro; por isso, os negros somente poderiam ser guiados por lideranças negras. Contudo, uma nação negra, de acordo com o ativista jamaicano, deveria

---

63 "Os negros não precisam de protetores brancos". *O Clarim da Alvorada*, São Paulo, 24 de novembro de 1929, p. 4.

evitar o atraso de culturas inferiores, procurando sempre trilhar o caminho do progresso, em busca de um espaço na civilização. Ele, no entanto, fez a ressalva de que a superioridade tinha o seu lado perverso e poderia despertar o desejo, tão comum entre os brancos, de subjugar as outras raças:

> A ideia de superioridade de raça é disputável, todavia devemos admitir que, do estandarte do homem branco, ele é muitíssimo superior ao resto de nós. Mas aquela qualidade de supremacia é inumana e perigosa para ser permanentemente auxiliadora. Tal superioridade foi dividida e gozada por outras raças antes, até mesmo pela nossa, quando nos gabávamos de uma civilização nas margens do Rio Nilo, enquanto as outras ainda estavam nas trevas.
>
> A civilização pode durar somente quando alcançado o posto onde seremos o guarda de nossos irmãos. Quer dizer, quando sentimos justo viver e deixar viver.
>
> Que nenhum homem preto sinta que tem direito exclusivo ao mundo. Se outros homens não têm, que o homem branco também se sinta do mesmo modo. O mundo é a propriedade de todo o ser humano, e cada um tem o direito a uma porção. O homem preto precisa da sua, e em termos formais ele não está pedindo.[64]

---

64 "Não há raças superiores e inferiores". *O Clarim da Alvorada*, São Paulo, 13 de maio de 1930, p. 3.

Na perspectiva desse excerto, voltar à África, para Garvey, não era voltar a um mundo imaginado como "primitivo" e "tribal", e sim, antes de tudo, unir-se a um contingente de negros para juntos caminharem em direção ao "progresso" e à "civilização". A independência política da população negra, porém, não poderia se efetivar sem que se descolonizasse o pensamento negro. Para Arthur Gray, um dos seguidores de Marcus Garvey, os especialistas negros esperavam demais pelas teorias criadas por brancos; era necessário que se empenhassem em estabelecer "uma reforma do pensamento", dar início ao processo de "emancipação" das mentes dos negros norte-americanos. O que estava em jogo, segundo Gray, era a formação de um "eu negro" para combater a supremacia branca, através do orgulho e do amor-próprio. As escolas públicas dos Estados Unidos "estavam alimentando uma instrução especial ao longo da linha de americanização". Aquele era o momento para uma educação "africanizada" que impedisse a submissão do negro diante dos linchamentos, das relações inter-raciais, da legislação segregacionista, entre outras barreiras de cor estabelecidas pelos brancos.[65]

Autodeterminação, não inferioridade do negro, orgulho, amor-próprio, progresso racial eram termos bastante utilizados nos discursos de Marcus Garvey e seus seguidores. Os artigos e notas originários do *Negro World* ofereciam conceitos que reforçavam o discurso de solidariedade racial dos jornalistas de *O Clarim da Alvorada*. Mesmo que empregados em um ambiente de violência racial, como retratado pelo próprio jornal, tinham legitimidade porque definiam programas e projetos

---

65 "O povo preto deve ditar o seu próprio termo de salvação". *O Clarim da Alvorada*, São Paulo, 13 de abril de 1930, p. 4.

considerados como bem-sucedidos, como a criação de institutos de ensino e ligas de empresários negros. Embora na década de 1930 o movimento negro não tivesse o poder de pressão da geração do Movimento pelos Direitos Civis das décadas de 1950 e 1960, Marcus Garvey, William Du Bois e Booker T. Washington (falecido em 1915) já eram personalidades consagradas na esfera política dos Estados Unidos, gostassem deles ou não.

Nesse sentido, não parece estranho o fato de o jornal brasileiro trazer em algumas edições palavras de ordem atribuídas a Marcus Garvey. Na edição de maio de 1931, por exemplo, em fontes maiores, *O Clarim da Alvorada* reproduziu duas delas, que bem poderiam ser consideradas de autoria de José Correia Leite: "A cooperação racial interna é necessária para a nossa redenção", na primeira página, e, na segunda página, "As outras raças progridem por causa de suas ufanias e seus empenhos ao amor racial, porque nós não fazemos o mesmo?". Aqui, as chamadas de Marcus Garvey por uma nação negra aparte dos brancos norte-americanos foram utilizadas pelo jornal para estimular a solidariedade racial, ao menos entre os seus leitores, e promover a integração social do negro brasileiro – contrariamente à separação radical entre negros e brancos e ao retorno à África, como propunha o líder jamaicano.

Henrique da Cunha, colaborador de *O Clarim da Alvorada* já mencionado, revelou de maneira interessante o modo como os brasileiros se utilizavam das referências da política negra nos Estados Unidos para refletir sobre as suas experiências negras em São Paulo. Na edição de agosto, Cunha ajudava a rebater a ideia de que o Congresso da Mocidade Negra era um evento organizado por oportunistas. O jornalista reclamava, sem citar nomes, de pessoas entre a população negra da cidade que sempre criavam obstáculos para as iniciativas de lideranças preocupadas com a integração do negro brasileiro. Enquanto "os outros povos evoluíam social e economicamente", os negros, como "uma raça retardada" no tempo, se perdiam na imobilização política. Contudo, nenhuma "liderança negra havia sido bem-sucedida sem enfrentar resistência entre os seus pares". Cunha usou os exemplos de Robert Abbott e Marcus Garvey que, de acordo com ele, também foram obrigados a encarar a oposição de indivíduos da mesma "raça". O jornalista também citou uma frase de Abbott em que o editor do *Chicago Defender* relembrava de seus 25 anos à frente do jornal, muitas vezes acusado de incompetente. Marcus Garvey, que foi considerado pelo brasileiro como a principal referência contra o imperialismo britânico ao lado de Gandhi, também foi negado por seus "irmãos inferiores". O mais interessante, contudo, foi a observação de Cunha de que as oposições negras estavam presentes em todas as comunidades negras nas Américas, o que poderia comprometer uma luta "pan-negra" da qual os brasileiros também faziam parte. Nesse sentido, o articulista revelava os indícios de uma possível identidade negra transnacional, através da solidariedade negra que deveria ultrapassar as fronteiras nacionais:

> Portanto, ao largo do cenário do movimento pan-negro, através das três Américas, nós esperávamos adversários. Isto era fatal, mas estamos penalizados deles, porque esses infelizes não chegam a ser uma pequena sombra

> na estrada em que vamos palmilhando, iluminando uma Ressurreição Negra pela unidade perfeita de seus orientadores.[66]

Portanto, ao tratar de aspectos positivos da experiência negra nos Estados Unidos, como a autodeterminação das lideranças, os jornalistas de *O Clarim da Alvorada* tratavam os norte-americanos não como outros, mas como parte de um "nós" negros das Américas. Tal raciocínio nos é possível observar em um texto escrito por Mario Vasconcelos, responsável pela tradução das fontes estrangeiras. Nas poucas vezes em que expressou sua opinião nas páginas do jornal, Vasconcelos fez o apelo, não apenas por uma união entre os negros de São Paulo e do Brasil, mas por laços de solidariedade entre populações negras de diferentes países. O tradutor dirigia sua mensagem para leitores de *O Clarim da Alvorada* que não tinham simpatia pelos norte-americanos, sobretudo pelas ideias de Marcus Garvey. Mario Vasconcelos tentou demonstrar como estes estavam equivocados, citando o caso de brancos na América que enalteciam grandes figuras nacionais e estrangeiras. Sendo assim, o jornal paulistano, além de lutar pela redenção dos negros brasileiros, também divulgava os grandes feitos da "raça" pelo mundo através da coluna Mundo Negro:

> O nosso Mundo Negro, pelo talento do seu correspondente, nas suas possibilidades materiais, vai arraigando aos poucos em documentações valiosas tudo quanto diz respeito à nossa raça, através do batalhão incessante da educação das

---

66 "Profissão de fé". *O Clarim da Alvorada*, São Paulo 23 de agosto de 1930, p. 1.

nossas massas para orientá-las em tudo a que estão alheias.

Eis que o nosso órgão procura fazer em o Mundo Negro, a exemplo de outros órgãos portentosos daqui e de fora. Portanto não se assustem patriotas negros do Brasil! Nós queremos acompanhar a evolução negra do mundo para sustentarmos as finalidades de um bom jornal, sem percebermos as atitudes dos negroides que se debatem nas obscuridades de suas obras negativas.[67]

Por volta desse período, como acompanhamos no segundo capítulo, *O Clarim da Alvorada* publicou alguns artigos que questionaram de maneira contundente o tratamento dispensado pelo governo brasileiro à população negra. O momento conturbado pelo qual passava a política brasileira, com a Revolução de 1930, levava as lideranças negras de São Paulo a crer que o negro deveria se mobilizar para fazer a sociedade brasileira ouvir suas reivindicações. Se por um lado Marcus Garvey simbolizava o discurso do separatismo negro, por outro era um exemplo de luta para os brasileiros que "definhavam na inércia". Luis de Sousa deixou bem claro esse raciocínio ao enfatizar uma suposta falta de conhecimento dos negros sobre o real valor da abolição e da luta dos abolicionistas. Segundo ele, o negro havia marcado presença em diferentes períodos da história da humanidade, colaborando com o avanço econômico, político e cultural da civilização. Nos Estados Unidos, diferentemente do Brasil, o negro dava continuidade

---

67 "Negros e negroides". *Clarim da Alvorada*, São Paulo, 23 de agosto de 1931, p. 4.

a esse processo a partir de movimentos de resistência à violência racial, sobretudo através da figura de Marcus Garvey. O ativista jamaicano estava à frente da "emancipação do negro na nação norte-americana e no Caribe"; faltava aos brasileiros um espírito combativo como o dele.[68]

Robert Abbott também foi considerado exemplo, mais por conta de dirigir um jornal negro de sucesso nos Estados Unidos do que por simbolizar a luta dos negros no país. Porém, mesmo como empreendedor, ainda foi homenageado com a sua fotografia estampada na edição de agosto de 1931, acompanhada da informação de sua vinda ao Brasil na década de 1920 e do sucesso do *Chicago Defender* e do *Abbott's Monthly*, sua recém-lançada "revista moderna".[69] Não ficaram de fora da lista o abolicionista negro Frederick Douglass[70] e o presidente Abraham Lincoln, apresentados pelo jornal como símbolos da emancipação negra nos Estados Unidos. Para os jornalistas de *O Clarim da Alvorada*, que apresentaram biografias sumarizadas dos dois, ambos representavam exemplos de determinação, já que haviam passado por uma infância pobre e, no caso de Douglass, pela experiência da escravidão.[71]

Outra figura comum nas páginas do jornal brasileiro foi Booker T. Washington (1956-1915), proeminente ativista na virada do século XIX para o XX. O líder norte-americano teve grande

---

68 "O momento". *O Clarim da Alvorada*, São Paulo, 13 de maio de 1930, p. 2.

69 *O Clarim da Alvorada*, São Paulo, 23 de agosto de 1931, p. 4.

70 Frederick Douglass (1818-1895) foi um proeminente abolicionista negro que, segundo consta em sua autobiografia, havia fugido da fazenda onde trabalhava. Após anos na luta contra a escravidão, Douglass se tornou uma das principais referências do abolicionismo nos Estados Unidos.

71 "Desprivilegiada". *O Clarim da Alvorada*, São Paulo, 23 de agosto de 1930, p. 4.

destaque no periódico, sendo tratado pela imprensa negra paulista com maior familiaridade do que qualquer outra figura da política negra dos Estados Unidos, até mesmo Marcus Garvey. *O Clarim da Alvorada* não nos indica as fontes que informam os brasileiros sobre o líder norte-americano; as notícias do *Chicago Defender* e do *Negro World* não faziam nenhuma menção a Booker T. Washington, provavelmente em virtude do projeto conservador advogado pelo líder. O mais provável é que, mesmo sem uma tradução, a sua autobiografia circulasse entre intelectuais informados sobre o cenário político dos Estados Unidos; a editora norte-americana Knopf, por exemplo, disponibilizava algumas das suas edições originais em São Paulo, entre elas quatro sobre relações raciais nos Estados Unidos, nos levando a crer que a autobiografia de Booker T. Washington poderia ter chegado às mãos de parte das lideranças negras paulistanas por alguma livraria especializada em obras estrangeiras. Outra hipótese é a de que os mesmos tivessem tido acesso à tradução da obra publicada em série pelo jornal *Diario da Bahia*, em 1902.[72]

Booker T. Washington foi celebrado por *O Clarim da Alvorada* pelo seu papel desempenhado na educação dos negros nos Estados Unidos. Na edição de dezembro de 1930, o jornal brasileiro publicou em suas páginas uma pequena biografia sobre ele. Logo na introdução, havia a indicação de que o ativista era o símbolo do progresso dos negros na América do Norte. A sua trajetória não poderia ser melhor referência para os negros de São

---

72 REIS, Meire Lúcia Alves dos. *A cor da notícia: discursos sobre o negro na imprensa baiana, 1888-1937*. Tese (doutorado) – Departamento de História da UFBA, Salvador, 2000 (mimeo.), p. 81-82.

Paulo: nascido em 1856, foi obrigado, em sua infância, a conviver com a escravidão, mas o contato com instituições de educação industrial após a abolição da escravatura o levaria a se tornar um bem-sucedido líder na área, se responsabilizando pela direção de institutos como o Tuskegee, especializado no ensino de ofícios para estudantes negros. *O Clarim da Alvorada* destacou justamente o trabalho de Booker T. Washington no instituto, enfatizando a sua função na educação de "senhores e senhoras de cor", habilitando-os "para serem líderes nas sociedades onde viveriam, verdadeiros chefes de respeito em suas residências".[73]

A passagem que nos chama a atenção é a que se refere a Booker T. Washington como o "Moisés da raça". A sua associação à figura bíblica responsável pela libertação dos hebreus revela claramente a representação de sua imagem como o líder da redenção da raça negra. *O Clarim da Alvorada* voltaria a usá-la no editorial da edição de junho de 1931, na homenagem ao abolicionista negro brasileiro Luis Gama. Aqui, ambos foram evocados como símbolos de orgulho racial, como defensores dos negros contra a usurpação dos escravocratas, embora o ativista norte-americano tivesse iniciado sua trajetória política anos após a abolição nos Estados Unidos. Contudo, de acordo com o editorial, Gama não havia realizado no Brasil a "obra civilizadora" de Washington na América do Norte.[74] Tanto o artigo como editorial sugeriam que os norte-americanos estavam em um processo adiantado, que poderia ser seguido pelos brasileiros.

---

73 "Eduquemos nossas massas". *O Clarim da Alvorada*, São Paulo, 7 de dezembro de 1930, p. 4.

74 "O Moisés da sua raça". *O Clarim da Alvorada*, São Paulo, 21 de junho de 1931, p. 1.

O Clarim do Alvorada, contudo, não tratou de outro aspecto do pensamento de Booker T. Washington: a questão da integração dos negros à sociedade norte-americana. Além de defensor da educação industrial, o líder negro se notabilizou pela sua filosofia da acomodação. Em 1895, ele proferiu um discurso na cidade de Atlanta, capital do estado da Geórgia, que marcou a sua ascensão como uma figura eminente no cenário político dos Estados Unidos.[75] Usando metáforas do corpo humano, Washington afirmou que negros e brancos estavam socialmente separados como os dedos de uma mão, legitimando de alguma maneira a segregação racial. A partir deste princípio, o líder negro passou a defender a ideia de que a população negra, antes de lutar pela integração, deveria reforçar as suas instituições, até alcançar o nível do restante da sociedade norte-americana. Intelectuais e ativistas como William Du Bois, que combatiam veementemente a segregação racial, passaram a tratar o discurso de acomodação à situação de Booker T. Washington como um apoio aos racistas.[76]

Para *O Clarim da Alvorada,* interessava particularmente o discurso de Washington sobre a importância da educação, mas não a ideia de uma coletividade que aceitasse um lugar subalterno, contentando-se em ser mão de obra barata num país que se industrializava velozmente. Nesse sentido, a imagem do líder negro foi adequada ao projeto do jornal para reforçar a mensagem de solidariedade racial. Assim, a folha brasileira se utilizava da seleção de determinados aspectos dos discursos

---

75 Ver WASHINGTON, Booker T. *Up from slavery*. Nova York: Dover Publications, 1995.

76 Sobre o debate entre Du Bois e Washington ver DU BOIS, W. E. B. *As almas da gente negra*. Rio de Janeiro: Lacerda Editores, 1999.

de líderes políticos com perfis distintos e projetos opostos, como foi o caso de Marcus Garvey e Booker Washington, no intuito de reforçar o seu projeto.

Dessa forma, Washington, além de referência para a instrução de jovens negros, uma preocupação constante dos jornalistas brasileiros, também se destacava como empreendedor, sobretudo por conta de sua função no instituto profissional Tuskegee. Washington era um entre os exemplos de progresso da "raça negra" em um ambiente hostil como a sociedade norte--americana. As conquistas dos negros dos Estados Unidos atestavam a capacidade dos descendentes de africanos de prosperarem em um contexto social moderno e competitivo. Notícias sobre a ascensão de profissionais negros ou a formação de um empresariado eram destacadas como o despertar das populações negras no processo "evolutivo" da civilização.

Na edição de janeiro de 1930, *O Clarim da Alvorada* publicou uma nota interessante sobre a migração da população negra do sul dos Estados Unidos para os estados do norte e oeste. Após apresentar números contundentes sobre o deslocamento de milhares de famílias e indivíduos em busca de melhores condições nas cidades com maior prosperidade econômica, o jornal brasileiro fez a observação, tão comum para aquele período, de que a população negra havia se adaptado ao clima frio do "Middle West". A divulgação da informação tinha o objetivo de desconstruir a ideia de que os negros definhariam em baixas temperaturas, demonstrando que estariam aptos a progredir nas grandes cidades industrializadas que floresciam no norte dos Estados Unidos.[77]

---

77 "Os negros nos Estados Unidos". *O Clarim da Alvorada*, São Paulo, 25 de janeiro de 1930, p. 4.

Uma notícia como essa era de interesse especial para os negros de São Paulo, já que estes entendiam que estavam inseridos em uma sociedade moderna e industrializada, que passava por grandes transformações, assim como as cidades de Chicago e Nova York. Nesse sentido, o que estava em jogo não era somente a imagem do negro enquanto um agente político e empreendedor, mas também como uma figura ativa no progresso das sociedades mais avançadas. Ainda que fizessem menção a alguma experiência que não estivesse relacionada ao mundo urbano, o que estava em jogo era justamente a possibilidade de integração do negro ao processo de modernização. Sendo assim, ainda que maltratados, e apesar da segregação racial, parte dos negros norte-americanos, ao menos no cenário retratado por *O Clarim da Alvorada*, acompanhava o processo de desenvolvimento nos Estados Unidos.

Na edição de junho de 1931, o jornal brasileiro trouxe um conjunto de imagens sobre a experiência negra norte-americana acompanhada da mensagem "eduquemos nossas massas". Nelas apareciam, sobretudo, profissionais, estudantes e até mesmo membros da Ku Klux Klan encapuzados. Apesar da presença destes últimos, as gravuras ilustravam o progresso da população negra nos Estados Unidos, com destaque para turmas de estudantes de uma escola de Kentucky e de graduados de uma escola técnica da Carolina do Norte. Além destas, *O Clarim da Alvorada* também trazia as imagens de Gordon Jackson, um médico cirurgião de Chicago, e Violeta Anderson, primeira advogada negra do estado de Illinois.[78] Elas compunham uma sequência de eventos – violência racial, acesso dos negros à edu-

---

78 "Eduquemos nossas massas". *O Clarim da Alvorada*, São Paulo, 21 de junho de 1931, p. 4.

cação técnica e universitária e o surgimento de profissionais liberais – que ajudavam a retratar a "evolução" da raça negra nos Estados Unidos, processo que provavelmente ocorreria em São Paulo e no Brasil se os negros seguissem os apelos de *O Clarim da Alvorada* e das lideranças negras paulistanas.

A retórica do jornal brasileiro ficou mais clara na edição de dezembro, em que, mais uma vez, uma gravura com profissionais negros foi estampada na página internacional. Nessa ocasião, a imagem – reproduzida provavelmente do *Chicago Defender* – estava acompanhada do título "América Contemporânea", que se destacava das demais notícias. O jornal brasileiro apresentava figuras de sucesso da cidade de Chicago, como o dramaturgo Will Hendrickson, o cirurgião Alexander Wesley, o jovem inventor A. J. Brokins, o cirurgião Richard Smith e o Sr. Powell, engenheiro. Este último ficou em evidência por montar uma oficina com o capital inicial de 25 mil dólares, elevando o seu patrimônio para a soma de 1 milhão. Outra observação sobre as imagens – desta vez feita pelos brasileiros – era de que todos os profissionais apresentados eram mulatos que, caso fossem brasileiros, optariam por se afastar de seus pares com a pele mais escura. A intenção era a de demonstrar como até mesmo os negros de pele mais clara estavam comprometidos com a causa da "raça", o que acontecia com menor frequência no Brasil.[79]

Na mesma página, *O Clarim da Alvorada* publicou um pequeno artigo sobre o progresso do negro no comércio. O jornal brasileiro destacava como o cooperativismo havia sido fundamental para a condição "moral e material do negro". A Associação

---

[79] "América contemporânea". *O Clarim da Alvorada*, São Paulo, 20 de dezembro de 1931, p. 4.

para o Progresso Negro que, de acordo com o artigo, havia sido fundada recentemente, tinha como presidente J. J. Salem, "que esteve percorrendo vários povoados, estudando suas condições". O objetivo era o de "solucionar os problemas econômicos que assoberbavam o mundo neste período, esboçando planos para encorajar os negros no campo do comércio".[80]

O que fica evidente aqui é que *O Clarim da Alvorada* valorizava o cooperativismo entre os negros norte-americanos. Essas imagens, em conjunto com os artigos, tinham a função clara de demonstrar aos negros brasileiros que o "compromisso racial" – ainda que o Brasil tivesse uma dinâmica distinta de relações entre negros, brancos e outros grupos – poderia ser vantajoso para a ascensão social e material. Em julho de 1931, o jornal brasileiro, através de um artigo sem autoria, manifestava sua visão sobre a experiência negra norte-americana, afirmando que os negros dos Estados Unidos já "haviam alcançado a sua redenção, deixando de ser um atraso na civilização". Seja na cidade de Chicago ou no bairro nova-iorquino do Harlem, "o problema 'racial' nas décadas negras que sucederam a Guerra Civil parecia ter algum tipo de solução". Nesse sentido, *O Clarim da Alvorada* não hesitava em afirmar a necessidade de se imitar os negros da "América", citando números que davam a dimensão do progresso da população negra nos Estados Unidos:

> O negro está cooperando nas cidades e nos estados para ampliar escolas superiores e industriais, tem criado sociedades com vista a

---

80 "O progresso do negro no comércio". *O Clarim da Alvorada*, São Paulo, 20 de dezembro de 1931, p. 4.

desenvolver professores e líderes. A riqueza acumulada dos negros monta já em dois bilhões de dólares: setecentos mil possuem suas casas, duzentos e trinta e dois mil têm plantações e setenta mil possuidores de empresas mercantis.[81]

A convivência entre esse elogio à cooperação racial dos norte-americanos com notícias de linchamentos e autoexílio não podem ser tratadas como uma lógica incoerente, mas como um processo complexo que emergia entre os usos de informações e imagens das experiências negras dos Estados Unidos. A condenação aos atos de violência e discriminação estava associada a uma suposta natureza racista da sociedade norte-americana, que impedia o acesso dos negros a uma cidadania de maneira integral. Por outro lado, os aspectos positivos, quando ressaltados, estavam todos relacionados às conquistas da população negra, ainda que relativas. Mesmo que os jornalistas fossem orientados por um projeto de integração do negro brasileiro, a abordagem de líderes separatistas como Marcus Garvey e conservadores como Booker T. Washington foram interpretadas mais como referência de autodeterminação do que uma aspiração a um separatismo negro brasileiro. Como foi possível perceber acima, o interesse de *O Clarim da Alvorada* estava nas iniciativas que estimulavam a solidariedade racial entre os negros dos Estados Unidos. As palavras de ordem destes, traduzidas como amor-próprio e orgulho racial, ajudavam a dar o tom combativo às mensagens direcionadas para uma juventude negra considerada como apática.

---

81 "Trabalho de resistência de um povo construtor, imitemo-los". *O Clarim da Alvorada*, São Paulo, 26 de julho de 1931, p. 4.

Figura 4: *O Clarim da Alvorada* de dezembro de 1931

Já no final da década de 1920, a ideia de que o Brasil era um país livre do preconceito de cor já não tinha mais tanta força entre as lideranças negras de São Paulo. Alguns artigos, como o escrito por Mario Serva, questionavam as relações entre negros e brancos no Brasil. Serva criticava o assistencialismo e sugeria que o orgulho de ser caridoso deveria ser repensado. Na verdade, a caridade nada mais significava do que a falta da própria caridade. A bondade, que poderia ser considerada como uma das marcas fundamentais do caráter do brasileiro, não passava de uma falácia. No Brasil reinava uma soberba em relação à generosidade e à piedade que era manifestada como prova de que no país a dose de sentimentalismo era muito mais elevada do que em outros. O grande exemplo era o modo como se comparava o tratamento dispensado aos negros no Brasil e nos Estados Unidos. Os brasileiros não cultivavam ódio racial e tratavam os descendentes de africanos de forma benigna devido ao caldeamento de "raças", diferentemente dos norte-americanos que "linchavam dezenas de negros por ano". Contudo, os negros dos Estados Unidos, diferentemente dos brasileiros, eram muito mais "escolarizados". Apesar da segregação da sociedade norte-americana, com espaços exclusivos para brancos e negros, parte dos negros norte-americanos tiveram algum acesso à educação, o que permitiu que parte dos descendentes de africanos daquela nação tivesse um nível de escolaridade mais elevado do que a dos brancos brasileiros.

Para Serva, a caridade brasileira não havia sido suficiente para integrar a população negra. "Os brasileiros não lincharam os negros, mas os abandonaram e os deixaram degradar em meio à sífilis, ao analfabetismo e à promiscuidade." O autor sugeria que o sentimentalismo brasileiro era homicida, pois considerava que a possibilidade do negro desaparecer no Brasil era maior do que nos Estados Unidos. Por isso, a "caridade verdadeira consistiria na organização de instituições que protegessem a vida do homem e lhe desse desde a infância caráter e competência". Ou seja, a questão racial, para Mario Serva, deveria ser tratada como um problema a ser resolvido pelo Estado, e não pela compaixão do povo brasileiro.[82]

José Correia Leite, que afirmara em 1926 que não havia problema de cor no Brasil, endossou a opinião de Mario Serva na edição de dezembro de 1930. O jornalista, como era de costume, chamava a atenção de seus leitores para a urgência de uma solidariedade entre negros da cidade de São Paulo. As "revoluções de 88 e 89" – a abolição da escravidão e a proclamação da República – haviam condenado a população negra à morte por abandoná-las em um estado de degradação. Por um lado, líderes negros vaidosos se preocupavam mais com a autopromoção do que com interesses coletivos, por outro, a "aristocracia brasileira" conservava os costumes de "um período medieval para manter os seus privilégios"; a "gente beata, que vivia agarrada às púrpuras do catolicismo, esquecia que seus latifúndios herdados haviam se transformado em fonte de riqueza graças ao suor de uma máquina vigorosa chamada Raça Negra". Leite, reproduzindo o argumento de Mario Serva, ainda comparou a situação de brasileiros e norte-americanos:

> Qual é preferível? O sentimentalismo brasileiro ou a brutalidade americana? O nosso sentimentalismo não é homicida? Os americanos lincham cinquenta negros por ano. Nós matamos a raça negra inteira no Brasil.
>
> Os americanos instruíram os negros, deram-lhe educação, tornaram-se fortes, enérgicos, resistentes, trabalhadores e prósperos. E a prova é que o negro nos Estados Unidos a cabeça tem

---

82 "O sentimentalismo brasileiro". *O Clarim da Alvorada*, São Paulo, 28 de setembro de 1929, p. 4.

audácia e desassombro, ao passo que o nosso bebe cachaça e morre. "Nós com o nosso sentimentalismo teríamos matado os dez milhões de negros que existem na América do Norte".

A posição de José Correia Leite e de *O Clarim da Alvorada* não era uma crítica a uma ideia de nação baseada na congregação entre "raças", mas a constatação de que o problema dos negros no Brasil não estava circunscrito a esse segmento da população. A sociedade brasileira não havia se esforçado para integrá-los, a indiferença em relação a esta questão somente contribuía para o aumento das desigualdades sociais. Nesse sentido, o paraíso racial deixou de ser uma realidade para se transformar em um objetivo a ser conquistado. Para Leite e seu grupo, a "redenção" somente viria a partir da formação de uma coletividade negra capaz de lutar por seus direitos e por sua integração à sociedade. Ainda que de maneira retórica parecessem refutar o "sentimentalismo brasileiro" e "preferir a brutalidade dos Estados Unidos", a possibilidade de separatismo negro jamais fez parte do repertório de *O Clarim da Alvorada*.

Ao mesmo tempo, a imagem do negro norte-americano enquanto referência da "raça negra" na modernidade era um parâmetro a ser seguido pelos brasileiros. Os ativistas que lutavam pela ascensão da "raça" nos Estados Unidos não eram apenas figuras determinadas, mas exemplos de que o negro poderia prosperar em uma sociedade "avançada". Marcus Garvey, Booker T. Washington e Robert Abbott, entre outros, eram tratados como figuras que representavam os valores necessários para os negros ingressarem na "marcha para a evolução". Nesse sentido, esses líderes foram incorporados a um imaginário construído pelas lideranças negras da cidade de São Paulo e reforçado por *O Clarim da Alvorada*, informando aos negros paulistas, ainda que sem recursos, sobre o debate internacional. Mais do que isso, o conjunto dos artigos sobre as experiências negras norte-americanas subentendia uma solidariedade negra que ultrapassava as barreiras nacionais nas Américas. Podemos interpretar os discursos e as imagens das experiências negras norte-americanas que chegavam ao jornal brasileiro como símbolos produzidos em um contexto racializado e traduzidos para luta dos "homens de cor" do Brasil, que propunham exatamente uma integração à sociedade que não fosse marcada pelas separações próprias da sociedade racializada com a qual dialogavam.

Capítulo IV
África: berço e redenção da raça negra em contexto internacional

As primeiras notícias publicadas em *O Clarim da Alvorada* a partir de fontes norte-americanas não retrataram apenas as experiências negras dos Estados Unidos, mas também um panorama internacional das lutas negras pelo mundo, principalmente as relacionadas ao continente africano. Ao mesmo tempo em que o *Chicago Defender* e o *Negro World*, como visto no capítulo anterior, traziam para os leitores do periódico brasileiro o terror dos linchamentos e o protesto dos negros norte-americanos, eles informavam sobre os embates entre as potências imperiais – incluído os Estados Unidos – e os países africanos e asiáticos que lutavam pela descolonização e aspiravam por soberania.

A África nas páginas de *O Clarim da Alvorada* não contou com o *Chicago Defender* como uma das principais fontes. Como o jornal editado por Robert Abbott tinha a preocupação de informar os seus leitores sobre os acontecimentos políticos que afetavam os negros norte-americanos cotidianamente, privilegiando a questão da integração do negro à sociedade, o colonialismo na África não teve um tratamento central como no *Negro*

World. Este jornal, que tinha como objetivo divulgar as ideias de Marcus Garvey e seus seguidores de construção de uma nação africana para africanos e negros da diáspora, deu grande destaque para o continente negro, se apresentando como um órgão defensor dos africanos contra os interesses dos europeus.

Além de ter como referência central o *Negro World* para tratar do continente africano, *O Clarim da Alvorada* também publicou, sobre o tema, informações selecionadas em outros jornais. No entanto, na operação editorial de uma pequena folha, as fontes raramente eram reveladas. O mais provável é que as notícias sobre a África, assim como algumas relativas a assuntos sobre a sociedade brasileira, tenham sido tiradas dos jornais da grande imprensa brasileira. *O Estado de São Paulo*, um dos jornais de maior tiragem do período – e fonte para *O Clarim da Alvorada* – deu pouco espaço para o continente africano. Em 1930, ano de criação da coluna "Mundo Negro" em *O Clarim da Alvorada*, *O Estado de São Paulo*, em suas páginas internacionais, concedeu grande destaque ao movimento nacionalista na Índia. Já a maioria das informações sobre os países africanos era relativa à economia e não à situação política. Isso, contudo, não significou que não tenha sido uma fonte privilegiada para uma publicação mensal como *O Clarim da Alvorada*. As poucas referências sobre a África selecionadas do grande jornal contribuíram, junto com outras fontes – principalmente o *Negro World* –, para que o continente se tornasse um dos elementos essenciais nas páginas do periódico negro.

A maioria dos artigos e notas publicados pela pequena folha negra revelava a preocupação dos autores com o destino do continente africano, tratado como a terra de origem da "raça" negra e ultrajada pela presença dos impérios europeus. Nesse sentido, o quadro político apresentado na coluna "Mundo Negro" era mais do que simplesmente um conflito entre colonizadores e colonizados; a questão fundamental por trás das informações da publicação norte-americana era o embate entre as raças. Inglaterra, França, Bélgica e outros impérios representavam o "fardo do homem branco" no mundo, forças que oprimiam africanos, negros da diáspora e as "raças amarelas" do continente asiático.

O modo como *O Clarim da Alvorada* tratou do continente africano e de todo o contexto internacional da época foi diferente do tratamento dispensado pelo próprio jornal e pelo resto da imprensa negra anteriormente à seleção de informações do *Negro World*. Na maioria das vezes, a África aparecia na imprensa negra como uma mácula, o lugar da selvageria e do primitivo, o que reforçava os apelos das lideranças negras da capital paulista ao defenderem o Brasil como a pátria do negro brasileiro.

ELEMENTOS DO IMAGINÁRIO CONSTRUÍDO SOBRE A ÁFRICA NO BRASIL

O *Clarim da Alvorada* não foi o único a se remeter à África para defender os seus projetos. Alguns aspectos do imaginário sobre a África, no Brasil, foram amplamente utilizados por outros jornais da imprensa negra, mas também recuperados por manifestações culturais distintas, pela ciência do período, por intelectuais e pensadores que debatiam o lugar do negro na sociedade da época. Entre as publicações pioneiras da imprensa negra de São Paulo, uma que nos chama a atenção é o jornal *O Menelick*, com a primeira edição publicada no ano de 1915. O título faz referência direta ao imperador da Abissínia, Menelick II, que garantiu a soberania do país contra as pretensões imperialistas dos italianos no continente africano em 1898. O grande feito da nação africana teve repercussão mundial e, consequentemente, entre os negros que publicavam os periódicos da imprensa negra paulista.[1] Contudo, *O Menelick* – que homenageava o rei etíope,[2] falecido em 1913 –, em sua curtíssima vida como órgão de representação da comunidade negra paulista, não se preocupou em divulgar notícias sobre o continente africano. Em sua segunda e última edição, o jornal não trazia nenhum tipo de informação sobre a África ou sobre as experiências de africanos fora do continente. A referência à África se resumiu exclusivamente ao nome, já que o conteúdo, como era comum entre as publicações da época, se restringiu basicamente à cobertura da vida social no interior dos grêmios recreativos negros.

O Menelick nos dá a dimensão de como os jornalistas dos primeiros jornais negros tratavam a África. O fato de a publicação homenagear uma figura considerada como marco de resistência aos europeus não significou necessariamente que os seus editores estivessem interessados em trazer aos leitores informações que pudessem ajudar a entender o panorama político do continente. Em outras publicações que também privilegiaram os eventos sociais dos negros paulistanos, a África

---

[1] FERRARA, Miriam Nicolau. *A imprensa negra paulista (1915-1963)*. Dissertação (mestrado) – FFLCH-USP, São Paulo, 1986, p. 177-182.

[2] Nos artigos publicados por *O Clarim da Alvorada*, Abissínia e Etiópia aparecem como sinônimos para denominar o país da África Oriental. Porém, a Abissínia fazia referência a um estado, enquanto Etiópia era utilizado como um termo genérico que abrangia todos os povos do nordeste do continente. A Abissínia ganhou o nome de Etiópia em 1941, após recuperar sua soberania frente aos italianos.

apareceu raramente, sempre com destaque para a sua condição de "atraso ou de barbárie". Na edição de 1918 de *O Alfinete*, um artigo atribuído a Oliveira discutia a importância da população negra no Brasil e nos Estados Unidos. O autor procurou demonstrar aos leitores como na sociedade norte-americana os negros haviam feito progresso e no Brasil havia muito a realizar. A África, contudo, estava em um estágio inferior, apesar de também permitir o progresso da "raça" negra. Oliveira deixou claro que os negros do continente negro e de outras partes do mundo tinham a mesma "capacidade intelectual e moral de outras raças", mas a África não estava no mesmo grau evolutivo da Europa e dos Estados Unidos.[3] Desse modo, estereótipos já conhecidos sobre a África subsaariana – como o lugar da natureza primordial, animais selvagens e homens negros e primitivos – foram utilizados e mesmo reforçados por jornalistas e editores dos próprios jornais negros paulistas.

Esse retrato de uma África atrasada, inferior e selvagem não foi exclusividade dos jornais publicados no final da década de 1910. O jornal *Progresso*, contemporâneo de *O Clarim da Alvorada* e conhecido também por divulgar com frequência notícias sobre países da África, ainda no ano de 1929 publicou um artigo em que deixou transparecer a ignorância e o olhar exótico sobre o continente. Sem especificar de qual região tratava, o autor fez uma descrição da natureza, dos animais, dos homens e da paisagem "selvagem" da África. Mais uma vez, o continente foi comparado ao Brasil e aos Estados Unidos, países que não tinham a mesma exuberância natural. O rio "Nilo, ao nascer do sol, e o deserto do Saara, ao levantar da lua", foram considerados monumentos. Os

---

3   "Aos leitores". *O Alfinete*, São Paulo, 3 de setembro de 1918, p. 1.

animais selvagens, como os "leões, tigres e as aves multicolores", completaram o retrato exótico do distante continente negro. O autor, contudo, deixou para o final do texto a construção de um cenário ainda mais selvagem e bizarro da paisagem africana. Ele chamou a atenção para a grandiosidade e deformidade de animais como os elefantes e os "tubarões monstros da costa atlântica". Já os homens da África foram retratados como desfigurados pelos hábitos e exercícios físicos, além de rudes por "venerar deuses de um culto bárbaro".[4]

O *Progresso* trazia notícias sobre esse mundo estranho na África, mas também artigos que procuravam desconstruir esse imaginário negativo sobre o continente africano. Nesta mesma edição, o periódico ainda publicou um artigo que defendia que negros, brancos, amarelos e vermelhos tivessem uma origem biológica comum, "fosse o avô Adão, ou o macaco de Darwin". Fugindo das teorias científicas poligenistas,[5] defensoras de que as raças tinham diferentes origens, o autor explicou que os negros tinham a pele escura por uma questão de adaptabilidade a determinadas regiões do globo:

> O homem é o mais adaptável dos animais. Vive no Equador e no Himalaia, habituando-se a todas latitudes e alturas. Assim, formou a pele precisa para cada clima, notando-se

---

4 "A poesia do continente negro". *Progresso*, São Paulo, 31 de outubro de 1929, p. 5.

5 As teorias poligenistas, distinto das monogenistas, defendiam diferentes origens para as "raças humanas". Consultar BANTON, Michael. *Racial theories*. Londres: Cambridge University Press, 1998 e SCHWARCZ, Lilia Moritz. *O espetáculo das raças: cientistas, instituições e questão racial no Brasil*. São Paulo: Companhia das Letras, 2007.

principalmente a pele negra que o defende contra o sol africano. E tanto aqui parece estar a verdade que os negros da zona tropical são mais pretos, ao passo que são achocolatados no Sul da África, e quase branco às margens do Mediterrâneo, onde gozam de um clima aproximado do sul da Europa.[6]

Além de afirmar uma origem comum para negros e brancos, bem nos moldes da época, o autor reforçava o determinismo geográfico. No entanto, as representações construídas sobre a África nas páginas dos jornais negros paulistas foram além das descrições sobre a natureza e os habitantes; os jornalistas a utilizaram também para definir o lugar da população negra na sociedade brasileira. Uma abordagem comum era a de reivindicar a importância da população negra na história do Brasil, assim como usualmente fazia *O Clarim da Alvorada*. Ao traçar um cenário da participação dos escravos na economia do país, os jornalistas retratavam as cenas de sofrimento na lavoura e na extração de ouro na região das minas. Nessas situações, eles estabeleciam uma ligação entre os negros do período pós-abolição e seus ascendentes, os africanos trazidos à força para o Brasil. A África era também o berço – o lugar de origem dos grandes responsáveis pela "edificação da nação brasileira".

Se por um lado existia a imagem positiva dos africanos como os edificadores do Brasil, por outro existia a preocupação dos homens da imprensa negra em afirmar a identidade brasileira dos negros, argumento imprescindível na luta pela inclusão social dessa parte da população. A ascendência africana

---

6 "A cor dos pretos". *Progresso*, São Paulo, 31 de outubro de 1929, p. 2.

era utilizada mais para valorizar a difícil travessia e trajetória dos negros e reivindicar um lugar na formação do Brasil, do que para a busca de uma origem especificamente africana. Miriam Ferrara, em sua pesquisa, nos traz o registro do jornal *Getulino* sobre essa questão. Os jornalistas campineiros foram direto ao ponto ao afirmarem que os antepassados africanos tinham como berço a África, e os negros brasileiros o Brasil. Respondendo provavelmente aos apelos comuns de líderes negros nacionalistas[7] dos Estados Unidos, que defendiam o retorno dos negros da diáspora ao território africano, eles foram enfáticos ao afirmarem que "não somos africanos, somos brasileiros", a África era a terra dos africanos.[8]

A baixa frequência de referências sobre a África e o uso de termos generalizantes para descrever as sociedades africanas e o seu território entre os primeiros jornais da imprensa negra de São Paulo esteve relacionada, de certa forma, com o refluxo das relações econômicas entre brasileiros e africanos baseadas no escravismo. Com o final do tráfico de escravos e a consolidação dos interesses imperialistas dos europeus sobre a África, o deslocamento de pessoas entre os dois lados do Atlântico diminuiu drasticamente. É necessário ressaltarmos aqui que o período em que o comércio de escravos vigorou não se restringiu somente ao negócio de africanos cativos, houve também a troca de gêneros alimentícios e até mesmo de artefatos e bens culturais. Como bem observa Alberto Costa e Silva, a distância entre Brasil e África, apesar de oceânica, foi transformada a partir do fluxo contínuo dos navios negreiros

---

7   Lideranças negras que defendiam que os negros norte-americanos deveriam criar uma nação negra ou retornar para África, como Marcus Garvey.

8   FERRARA, Miriam Nicolau. *Op. cit.*, p. 165.

em um rio de dois sentidos, um "rio chamado Atlântico".[9] Assim que os laços culturais entre o Brasil e a costa africana se afrouxaram, a população de escravos e libertos, ainda nascida na África, foi diminuindo até desaparecer. Contudo, o conjunto de imagens que compunha a representação sobre a África continuou baseado nos estereótipos do período em que os africanos eram figuras comuns entre os brasileiros.

Segundo Anderson Ribeiro Oliva, os intelectuais brasileiros e as organizações negras foram praticamente os únicos grupos da sociedade brasileira a se preocupar com as ideias e representações sobre a África durante o período em que o continente foi dominado pelas potências europeias. A mobilização de referências africanas girou basicamente em torno da definição da identidade nacional, mas é possível encontrar outras manifestações no Brasil, nas quais a África era recuperada para propor uma identidade exclusiva para os negros. Enquanto os jornalistas da imprensa negra paulista usavam a ideia de ascendência africana para reivindicar uma cidadania brasileira simbólica, organizações carnavalescas – como a Embaixada Africana da cidade de Salvador na Bahia – recriaram uma África mítica como meio de definir uma identidade cultural positiva para os negros da cidade. No ano de 1897, por exemplo, o grupo escolheu como tema de enredo a figura heroica de Menelick II, seguindo a tendência de se apropriar de figuras africanas contemporâneas para celebrar o carnaval baiano daquele período.[10]

---

9   COSTA E SILVA, Alberto. *Um rio chamado Atlântico*. Rio de Janeiro: Nova Fronteira, 2005.

10 OLIVA, Anderson R. "A invenção da África no Brasil: os africanos diante dos imaginários e discursos brasileiros dos séculos XIX e XX". *Revista África e Africanidades*, v. 1, 2009, p. 1-27.

Por outro lado, intelectuais como Raymundo Nina Rodrigues (1862-1906) e Silvio Romero (1851 -1914) faziam um balanço negativo da presença da população de origem africana na sociedade brasileira. Influenciados pelas teorias racistas produzidas pelos europeus, os brasileiros foram enfáticos ao afirmar a inferioridade da "raça" negra. Para Nina Rodrigues, legista da Faculdade de Medicina da Bahia, os negros estavam em um estágio intelectual e moral inferior, o que os impedia de assimilar as estruturas mais sofisticadas de uma sociedade de padrão europeu. Silvio Romero, da Escola de Direito de Recife, contemporâneo de Rodrigues, não ficou atrás e traçou um perfil bárbaro e subumano das populações negras ao defini-las apenas como mão de obra para economia e objetos para a ciência. Os dois intelectuais, no entanto, tinham divergências em relação à miscigenação. Enquanto Raymundo Nina Rodrigues considerava o mulato como um ser que inevitavelmente sofreria degradação, Romero julgava que o processo de miscigenação poderia fazer os descendentes de africanos desaparecerem: o mulato junto ao imigrante europeu encaminharia a sociedade brasileira a um nível satisfatório de evolução e de branqueamento.[11]

Outra referência importante para a construção do imaginário sobre a África, no período, foi a ampla recuperação que se fez de parte da obra poética do abolicionista Castro Alves (1847-1871). Além do reconhecimento do papel fundamental dos africanos nas atividades econômicas do Brasil, o poeta se destacou também na composição de um retrato romantizado da África, o que revelou ainda mais a falta de conhecimento sobre o continente. Conforme observa Oliva, Castro Alves, apesar de ser uma figura erudita, cometeu muitos equívocos ao compor "A canção

---

11 Ver SCHWARCZ, Lilia Moritz. *O espetáculo das raças... op. cit.*

do africano", "Navio negreiro" e "Vozes da África". Parte de seu retrato sobre a África subsaariana, região de onde vieram os africanos escravizados, foi baseado em uma literatura romântica sobre o norte do continente (Egito, Marrocos, Tunísia etc.), de característica distinta.[12]

Essas representações sobre o continente negro se estenderiam até a virada entre as décadas de 1920 e 1930. Ainda assim, já no ano de 1924, o *Getulino* reproduziu uma entrevista, publicada pelo jornal português *Correio de Portugal,* com representantes de dois movimentos de libertação da África, organizados nos Estados Unidos, que se disseminavam em redes por países como Portugal, França e Libéria. Os entrevistados falaram de seus projetos: o primeiro, norte-americano, identificado como Mr. Logan, representando a perspectiva do intelectual afro-americano William Du Bois, defendia que a descolonização da África deveria ser um processo encaminhado por africanos e europeus; já o segundo, João de Castro, com uma perspectiva mais radical, defendia a mensagem do líder jamaicano, Marcus Garvey, de que a África era para os africanos, e a independência deveria ser necessariamente conquistada por africanos e por meio da força, se necessário.

> Uma [proposta] dirigida pelo americano Barghardt Du Bois preconiza a união dos homens de cor para, pela propaganda, obter dos governos dominadores o maior número de garantias possível a favor dos dominados; outra, chefiada por um outro americano, o tal Marcus Garvey, que pretende conseguir a apropriação da África em favor dos negros, queiram ou não

---

12 OLIVA, Anderson R. *Op. cit.,* p. 7.

queiram os brancos. [...] É certo, todavia, que a ideia de reconquista africana está em marcha e que, pouco a pouco, a semelhança de verruma que penetra a madeira, ela vai ganhando o terreno, atravessando os mares e espalhando-se pelos continentes.[13]

Citando de maneira sumária as propostas dos dois líderes pan-africanistas, o jornalista parecia desconhecer as duas figuras que, naquele período, se destacavam na articulação de ativistas e intelectuais negros no Atlântico. Contudo, consideramos como uma mudança na abordagem o fato da África aqui não aparecer associada a uma visão romantizada, associada à natureza selvagem ou a uma imagem de inferioridade construída a partir do racismo científico, comum nas primeiras décadas do século XX no Brasil. O *Getulino* foi um dos primeiros jornais da imprensa negra paulista a trazer informações sobre a África baseadas não apenas no "desconhecimento" de intelectuais sobre a região, mas a partir de fontes que cobriam e avaliavam os embates políticos do continente, além de mencionar pensadores e ativistas envolvidos em movimentos políticos voltados para a libertação do continente africano.

A ÁFRICA EM *O CLARIM DA ALVORADA*

Nos primeiros anos de *O Clarim da Alvorada*, as referências sobre a África eram raras e, assim como vimos no caso dos primeiros jornais da imprensa negra de São Paulo, se restringiam aos artigos que tratavam da origem dos negros brasileiros ou dos debates sobre a diferença entre as raças.

---

13 "Correio de Portugal". *Getulino*, Campinas, 27 de janeiro de 1924, p. 1.

Na edição de setembro de 1925, o jornal, pela primeira vez, trouxe uma referência sobre o continente africano, retomando justamente esses dois temas. Em artigo que celebrava a Lei do Ventre Livre, por exemplo, Moisés Cintra, articulista de *O Clarim da Alvorada*, voltou até 1500 para fazer um histórico da escravidão no Brasil. A preocupação do autor era a de demonstrar aos leitores a importância dos abolicionistas para a emancipação dos escravos. A África, no texto, aparecia como um lugar distante, espaço territorial longínquo de onde foram trazidos os antepassados dos negros brasileiros para, debaixo de chicote, se transformarem em grande força de trabalho da nação:

> ante tantas dificuldades para o desenvolvimento deste país foram os portugueses buscar o pobre negro lá nos sertões africanos, fazendo-o aqui, durante centenas de anos, labutar, labutar em paga dos seus trabalhos tremendos açoites, ele aqui se sacrificou, derramou o seu sangue para devastar florestas, trabalhou em minas, plantou os primeiros glóbulos vermelhos do precioso café, a base de nossa riqueza.[14]

Em outro artigo da mesma edição, a África surge em meio à discussão sobre a capacidade da "raça negra". Teófilo Booker Washington, articulista de *O Clarim da Alvorada* já mencionado, tentava provar – a partir da ascensão social de intelectuais negros no Brasil e nos Estados Unidos – que a população negra, em

---

14 "Salve, 28 de setembro". *O Clarim da Alvorada*, São Paulo, 27 de setembro de 1925, p. 1.

qualquer parte do mundo, poderia prosperar se tivesse oportunidade. Para ele, as imagens de vagabundos, ladrões e até mesmo assassinos poderiam ser atribuídas a qualquer uma das "raças". Sendo assim, os habitantes da África estariam biologicamente aptos para qualquer tipo de atividade e com um atributo a mais: apresentavam maior vigor físico. Em um trecho de seu texto, Booker faria menção ainda à beleza física de africanos e das donzelas negras do Brasil:

> Ser negro é um simples acidente da carne? E o que tem isso? A carne negra é por ventura a mais feia? Não. Por que? Vá à África, observe a raça e verás. Que belos tipos! Quantos representantes da raça negra que primam por sua beleza física natural!
>
> Por ventura não há lindas donzelas de cor no Brasil?
>
> O que nos falta? O cultivo da beleza. Pois não tem os brancos, apesar de se considerarem mais lindos os seus institutos de beleza?[15]

Diferentemente de outros artigos que ressaltavam a ausência de civilização entre africanos, deixando nas entrelinhas a ideia de uma inferioridade da "raça negra", Booker procurou, a partir da capacidade física e da beleza dos africanos, redimir os negros brasileiros que eram vítimas do preconceito racial baseado nas imagens estereotipadas daquela época. É interessante notar, porém, que apesar de alguns artigos publicados em *O Clarim da*

---

15 "Negro!". *O Clarim da Alvorada*, São Paulo, 27 de setembro de 1925, p. 3.

Alvorada tentarem negar os argumentos de existência de raça entre os seres humanos, o de Teófilo Booker Washington supôs a existência da divisão racial ao tentar falar em favor da "raça negra". A ideia de raça tomou os debates internacionais da época, foi fortemente discutida no Brasil e atravessou o projeto de inserção social proposto pela pequena folha negra.

Em artigo publicado em maio de 1926, o mesmo colaborador do jornal voltou a tratar dos "arraigados preconceitos contra a raça". Aqui, contudo, ao invés de considerar a perspectiva biológica contra a opressão sobre os negros, buscou a justificação das diferenças entre negros e brancos a partir da narrativa bíblica dos filhos amaldiçoados de Cam. Os africanos seriam descendentes de Cam, um dos filhos de Noé, que havia sido amaldiçoado por zombar da nudez e embriaguez do pai. A maldição se estenderia para todos os seus descendentes, fato que abriria precedentes para a interpretação religiosa de inferioridade da "raça negra".[16] Booker a questionou, afirmando que, durante a história da humanidade, os africanos contribuíram de maneira fundamental para a construção do conhecimento, principalmente através da "civilização egípcia". Além do mais, segundo ele, não haviam sido os descendentes de Cam os responsáveis pela traição e crucificação de Jesus Cristo, e sim, os semitas.

> Os arraigados preconceitos contra a raça negra vêm desde os tempos diluvianos, segundo nos rezam as sagradas escrituras; pois os descendentes de Cam foram para a África, os

---

16 MACEDO, José Rivair. "Os filhos de Cam: a África e o saber enciclopédico medieval". *SIGNUM: Revista da Abrem*, vol. 3, 2001, p. 101-132.

de Jafel povoaram a Europa e a posteridade de Sem estendeu-se para a Ásia.

Destas três raças, dizem as escrituras, foi a de Cam, a raça maldita, a primeira que teve preponderância, indo se estabelecer no Egito. Ora, deste modo dir-se-ia que somos amaldiçoados até hoje e que, portanto, não temos razão de lamentar a nossa sorte.[17]

Como pudemos observar nos capítulos anteriores, este foi o momento em que as ideias sobre raça, enquanto conceito biológico, conviviam com interpretações que privilegiavam a cultura para compreender as relações raciais na sociedade brasileira. Esse deslocamento do paradigma racial para o cultural foi traduzido de maneira sofisticada pela obra *Casa-grande & senzala*, publicada no ano de 1933 por Gilberto Freyre.[18] Desse modo, *O Clarim da Alvorada* repercutia esse momento de passagem e de mudanças no pensamento social, no que consistia a ideia de raça – ora compreendida em termos biológicos, ora enfocada nos seus aspectos culturais. A África, portanto, foi utilizada nas páginas de *O Clarim da Alvorada* para negar a inferioridade da "raça negra" ou questionar o conceito biológico de raça, dentre outros significados.

Veremos adiante que esse deslocamento entre diferentes abordagens sobre a raça permaneceu nos anos seguintes, principalmente a partir de 1930, período em que a coluna "Mundo Negro" passaria a publicar com frequência informações sobre

---

17 "A raça maldita". *O Clarim da Alvorada*, São Paulo, 13 de maio de 1926, p. 2.
18 FREYRE, Gilberto. *Casa-grande & senzala*. São Paulo: Global, 2006.

a África e as lutas pela sua descolonização a partir da Europa e do Novo Mundo.

O CLARIM DA ALVORADA: DA ÁFRICA SELVAGEM AO PAN-AFRICANISMO

Entre 1928 e 1930, conforme *O Clarim da Alvorada* tornava-se mais combativo e politizado, como visto no capítulo anterior, passava também a opinar sobre a situação dos negros no mundo, muitas vezes de forma contundente. O periódico paulista passou a exibir em suas páginas os debates em torno da descolonização da África, Ásia e Caribe, discutindo, opinando e repercutindo o controvertido tema da raça. Como parte do processo, as matérias e notícias sobre a África selvagem foram sendo suplantadas por aquelas que imprimiam um contorno identitário transnacional, as quais indicavam laços de solidariedade para os negros do Atlântico.

Assim como foi o caso das notícias sobre os Estados Unidos, os artigos e reportagens sobre a África se tornaram frequentes com a utilização do *Negro World* como fonte. Todavia, já no ano de 1928, é possível verificarmos a preocupação em trazer informações sobre a África a partir de fontes especializadas ou de pessoas que haviam conhecido países do continente africano. Na edição de fevereiro, *O Clarim da Alvorada* publicou uma reportagem sobre a presença no Brasil de um missionário da Índia, Stanley Jones, que manifestava a sua preocupação com os conflitos raciais pelo mundo. O Brasil, segundo sua opinião, era um exemplo positivo de convivência entre negros e brancos que deveria servir de contraposição às relações conturbadas entre "raças" na África, Ásia e Estados Unidos. Aqui, ao tratar do agravamento dos conflitos sociais, Jones não se referiu a África como um espaço homogêneo, como era comum na abordagem dos jornais da imprensa negra paulista, mas especificamente do caso da União Sul-Africana (atual África do Sul), onde os colonizadores britânicos encaminhavam o processo de segregação da população negra.[19] Assim como os Estados Unidos, a União Sul-Africana deveria seguir os passos do Brasil, que havia chegado mais perto do que qualquer outro povo da solução de um problema que afligia toda a humanidade:

> Em uma de suas conferências no Rio, o missionário da Índia Stanley Jones referiu-se aos conflitos de raças que têm deploravelmente se agravado nos últimos anos, sobretudo na América do Norte, Ásia e na União Sul-Africana. Fez, a seguir, as seguintes declarações:
>
> "Felicito ao Brasil por ter, mais do que outra nação, chegado a solver o grave problema das raças, por maneira humana e fraternal. Fora daqui, no mundo inteiro, as raças estão em luta umas com as outras, cada uma procurando o predomínio e buscando afirmar a sua superioridade sobre as outras".[20]

Esse é um exemplo de como *O Clarim da Alvorada* passou a abrir espaço no jornal para experiências internacionais, mas reforçando as ideias e projetos dos jornalistas. Na edição

---

19 Ver BEINART, William & DUBOW, Saul (ed.). *Segregation and apartheid in twentieth-century South Africa*. Londres; Nova York: Routledge, 1995.

20 "Não há questão de raças no Brasil". *O Clarim da Alvorada*, São Paulo, 12 de agosto de 1928, p. 4.

de outubro deste mesmo ano, *O Clarim da Alvorada* trouxe aos seus leitores notícias relacionadas ao colonialismo das nações europeias no continente africano. Na primeira delas, supondo que seus leitores tivessem um amplo conhecimento do domínio dos impérios europeus sobre os povos africanos, o jornal informou sobre a abolição da escravidão no protetorado britânico de Serra Leoa.[21] O artigo agraciava a Liga das Nações, organização internacional responsável por assegurar a paz no contexto mundial, por encaminhar o processo de libertação de 200 mil escravos do trabalho compulsório, olhando finalmente para situação dos "infelizes". Em Genebra, sede da Liga, os secretários haviam apresentado o relatório do processo de abolição da escravatura em Serra Leoa. O governo britânico havia negociado diretamente com os fazendeiros do protetorado para que estes pudessem libertar os trabalhadores sem que tivessem prejuízos. O artigo, sem a identificação do autor e da fonte, se encerrava com a comparação deste processo com a abolição da escravatura no Brasil:

> Foi abolida a escravatura do protetorado britânico de Serra Leoa; isso graças ao eficiente trabalho, nesse sentido, desenvolvido pelo governo inglês. O delegado suíço mostrou que bastaram dois meses para que as complicações de ordem jurídica, interessada aos proprietários de escravos, fossem satisfatoriamente resolvidas.

---

21 Serra Leoa foi administrada de duas maneiras simultaneamente: a cidade de Freetown sob regime colonial e as terras do interior sob regime de protetorado.

> [...] Felizmente a Liga das Nações olhou para esses infelizes, que só agora tiveram o seu 13 de maio. Antes tarde do que nunca.[22]

Aqui, *O Clarim da Alvorada* manifesta a sua aprovação à atuação inglesa no país africano, mas não questiona os desmandos do imperialismo da grande potência na África, Ásia e ilhas do Caribe. Em outro artigo desta mesma edição, o periódico registrou o embate entre lideranças africanas baseadas na França. A partir da imigração africana, possibilitada pelo recrutamento do exército francês para a Primeira Guerra Mundial e pela presença de estudantes do continente negro nas universidades, grupos de intelectuais africanos e das colônias caribenhas se organizaram em torno da luta contra o imperialismo. Este artigo abordava justamente o confronto entre duas organizações de lideranças africanas na cidade de Paris. François Gilbert foi o responsável pela cobertura de uma reunião do Clube dos Negros Conscientes, uma dissidência do Comitê de Defesa da Raça Negra. Gilbert se preocupou em traçar o perfil de Josi Tchangana Gumede, fundador do Clube dos Negros Conscientes. Gumede, também conhecido como Lunion, foi caracterizado como um "terrível agitador africano" com a "voz e eloquência de Robespierre". O líder africano havia se indisposto com o Comitê de Defesa da Raça Negra justamente por essa entidade limitar as intenções de seus membros em lutar em prol dos "interesses raciais"; a resposta foi dada com a criação de um Clube de Negros Conscientes, em contraposição aos "inconscientes". Na primeira reunião do grupo de Lunion, a confusão se instalou com a presença do Comitê, o que causou troca de acusações.

---

22 "Ainda há juízes". *O Clarim da Alvorada*, São Paulo, 21 de outubro de 1928, p. 2.

François Gilbert reproduziu frases da troca de denúncias entre os líderes, mas não deixou claro quais motivos causavam a discórdia entre os grupos. O jornalista finalizaria o artigo com a participação do líder africano em outro evento:

> Lunion é um preto bastante inteligente e muito conhecido na Europa. No congresso das nacionalidades oprimidas, reunidas em Bruxelas, no ano passado, Lunion tomou parte saliente e fora um dos mais eloquentes oradores, representava então, nessa grande reunião, onde se encontravam 274 delegados de toda parte do mundo, a sociedade negra.
>
> [...] O terrível africano foi o que encaminhou maior número de protestos quase todos relativos aos bárbaros processos de castigos corporais, que ficou provado diante dos inúmeros testemunhos trazidos ao seio do congresso.[23]

Embora Gilbert não tenha definido claramente para os seus leitores a posição política de Lunion e seus opositores, a reportagem os introduziu ao panorama político das organizações de africanos na Europa, sobretudo na França. Pela primeira vez, *O Clarim da Alvorada* publicava uma informação de fonte estrangeira que não se restringia a conceitos abstratos como "terra de ancestrais" ou de "selvagens", trazendo homens e figuras políticas que estavam diretamente relacionadas com as articulações em torno da descolonização do continente africano.

---

23 "Tumultuosa assembleia de negros". *O Clarim da Alvorada*, São Paulo, 21 de outubro de 1928, p. 3.

A questão do desconhecimento do público brasileiro sobre a situação dos países africanos foi citada por A. H. Mattar ao escrever um artigo sobre as nações independentes do continente:

> Dois países africanos independentes governados por negros, a Libéria e a Abissínia são muito desconhecidos principalmente da América do Sul. A sua cultura, o seu comércio, a sua indústria, a sua civilização e a sua educação permanecem ignorados.[24]

A intenção do autor era justamente desconstruir a ideia de África selvagem, mostrando aos ignorantes sobre os assuntos do continente que o progresso econômico e social estava presente em países como a Libéria. Com contundência, Mattar criticava a classe de intelectuais que escrevia inúmeros livros e panfletos sobre o país da costa ocidental africana sem sequer ter estado lá. Nesses registros, a Libéria fora retratada como um país de selvagens, uma "República de canibais". A partir do contato direto com estadistas do país em sua viagem no ano de 1923, ele pôde acompanhar os esforços do governo liberiano em progredir e manter, sobretudo, a sua soberania em meio às colônias das duas maiores potências imperiais da época, Inglaterra e França. Mattar reconhecia que ainda havia muito trabalho para se fazer, a "Libéria não era um país tão adiantado como as grandes nações". Entretanto, segundo o autor, o seu atraso poderia ser justificado por não ter contraído empréstimos em bancos "do centro desenvolvido, mas opressor". Era melhor garantir a

---

24 "O único povo livre do ocidente africano". *O Clarim da Alvorada*, São Paulo, 1º de julho de 1928, p. 2.

independência econômica do que se submeter aos países europeus. Antes de informar aos leitores de *O Clarim da Alvorada* que nas próximas edições traria informações sobre a história da formação da Libéria, Mattar faria menção a um aspecto positivo da nação africana em relação aos europeus:

> É preciso notar que a República dos canibais é um manso lago onde não proliferam revoluções como em outros países bafejados pela civilização das potências. A palavra guerra não figura na história da Libéria independente.[25]

Como pudemos observar nos comentários de A. H. Mattar, a Libéria e a Abissínia naquele momento eram as únicas nações livres do continente africano. Enquanto Menelick II assegurava o reconhecimento da Abissínia como uma nação independente, a Libéria, um país de colonos que haviam sido libertados da escravidão nos Estados Unidos, já gozava deste status desde 1847, ano em que foi declarada a independência.[26] Nesse sentido, os dois países eram considerados como exemplos de que os africanos poderiam progredir sem a tutela das potências europeias.

---

25 *Ibidem*, p. 2.

26 A Libéria se originou de assentamentos de escravos libertos dos Estados Unidos, estabelecidos em 1822. A American Colonization *Society* foi a instituição responsável pelo transporte e pela aquisição de terras na costa do continente africano – organizada por antiescravistas norte-americanos que tinham interesse no fim da escravidão, mas que defendiam uma sociedade sem a presença de africanos e seus descendentes. Em 1847, o país declarou a sua independência. Ver CLEGG, Claude Andrew. *The price of liberty: African Americans and the making of Liberia*. Chapel Hill: The University of North Carolina Press, 2004.

O Clarim da Alvorada, ao publicar o artigo de Mattar, não estava preocupado somente em trazer informações sobre um país qualquer da África, mas sim em provar a capacidade da "raça negra" para construir um país nos moldes modernos.

Este raciocínio ficou evidente com a publicação no jornal, em agosto de 1928, de um discurso proferido pelo Professor Edgar Brookes, intelectual branco da Universidade do Transvaal, na União Sul-Africana.[27] Diante de uma plateia de negros e brancos, ele defendeu a ideia de que a "raça negra" não era inferior em relação à "raça branca". Embora reconhecesse que os nativos do continente africano estivessem em um "estágio inferior de evolução", Brookes argumentava que, se inseridos em um ambiente civilizado como o dos europeus, os negros poderiam progredir; por isso, não havia motivos para que os brancos da União Sul-Africana restringissem direitos dos nativos. O professor citou os avanços dos negros em atividades como a literatura e a agricultura:

> Em literatura, por exemplo, os nativos têm criado e estudado a sua própria; e em agricultura o êxito da exibição dos produtos nativos no Transvaal, fala por si mesmo. Nós outros, os brancos, devemos abandonar a ideia de que este mundo há de ser uma possessão exclusivamente nossa. Este será um mundo no

---

27 Edgard Brookes, nos primórdios de sua carreira intelectual, defendia a segregação racial na África do Sul como um meio de proteger os nativos dos europeus. Porém, por volta da década de 1930, passou a defender direitos iguais para negros e brancos. Ver RICH, Paul B. *Hope and despair: English-speaking intellectuals and South African politics.* Londres: British Academic Press, 1993.

qual a raça branca tenha seu sítio, talvez um sítio de supremacia se suas habilidades permitirem. Não será um mundo povoado por negros e governado por brancos.[28]

Contudo, para Edgar Brookes, a possibilidade de "civilização" da "raça negra" aparece muito mais num tom profético do que propriamente como diagnóstico de um processo contínuo de modernização em moldes ocidentais. Embora falasse em favor da capacidade dos nativos da União Sul-Africana e do continente africano, o professor da Universidade de Transvaal achava também que os negros deveriam trabalhar muito para fazer por merecer a participação na vida política da colônia. O monopólio do poder ainda continuaria nas mãos da "raça branca" por um bom tempo.

Os textos publicados pelo jornal nos convence de que, naquele período, os jornalistas e ativistas da cidade de São Paulo não tinham o propósito de defender as culturas e os modos de vida dos povos africanos. Se em artigos sobre a decadência da juventude negra, como vimos nos capítulos anteriores, as manifestações de negros populares com forte influência africana foram rejeitadas, a lógica para cobertura dos acontecimentos no continente africano não foi diferente. A África que interessava era aquela que estava próxima das referências ocidentais, que pudesse ser caracterizada como "avançada e civilizada". Sendo assim, a ideia de um processo histórico evolutivo não foi superada por *O Clarim da Alvorada*; a expectativa era de que os africanos pudessem ascender, num espaço curto de tempo, aos níveis de europeus e norte-americanos.

---

28 "Ideia errônea da raça oposta". *O Clarim da Alvorada*, São Paulo, 18 de agosto de 1929, p. 4.

Assim, se as religiões tradicionais da parte subsaariana do continente eram consideradas como fetichismo, a influência do cristianismo era bem-vinda. Em 1929, na sua edição de julho, *O Clarim da Alvorada* publicou uma reportagem sobre um congresso organizado pela Igreja Católica a ser realizado na África Meridional, especificamente em Durban, na União Sul-Africana. A cidade, localizada na costa litorânea do oceano Índico e com uma população de cerca de 200 mil habitantes, contava com pelo menos 40 mil católicos. O autor não teceu nenhum tipo de comentário sobre a questão do imperialismo europeu na África, mas fez menção a um conflito de raças na África Meridional. A Igreja Católica cumpria, em meio a esse ambiente conturbado, o papel de instituição pacificadora e agregadora:

> Encontra-se ali a Igreja em frente de graves conflitos de raças: tanto maior é a sua satisfação e o seu triunfo ao ver prostrados ante a hóstia santa, em plena concórdia e com o mesmo fervor de piedade, homens das mais diversas origens.[29]

Parte deste retrato de uma "África civilizada", a partir dos referenciais ocidentais, foi idealizada não somente pelos europeus, mas também por intelectuais negros dos Estados Unidos, tornando-se, posteriormente, pauta dos jornais da imprensa negra brasileira. Assim que o *Negro World* passou a informar os leitores de *O Clarim da Alvorada* sobre a situação política dos países africanos, a possibilidade de uma "África

---

29 "Congresso eucarístico na África Meridional". *O Clarim da Alvorada*, São Paulo, 14 de julho de 1929, p. 2.

civilizada" foi tratada também a partir de uma perspectiva de solidariedade racial entre africanos e negros do Novo Mundo. José Correia Leite e seu grupo não tinham a intenção de voltar para a África, porém passaram a manifestar uma espécie de identidade negra transnacional, baseada numa ideia de "raça biologizada", que incluía o continente africano, os norte-americanos e negros de outras partes do mundo.

Da mesma maneira que, entre os anos 1920 e 1930, os jornalistas da imprensa negra de São Paulo reproduziam a ideia de uma coletividade negra impregnada pela retórica da raça, os negros norte-americanos que vivenciavam as políticas de segregação racial em seu país se imaginavam enquanto parte de uma raça que tinha um espaço de origem: o continente africano.[30] Por isso, para além das lutas por uma cidadania nos Estados Unidos, alguns dos intelectuais negros, como o já mencionado Marcus Garvey, preocupavam-se com a situação da África, tratando-a como indicativo da integridade da "raça negra". Em 1929, a pequena folha paulistana publicou, pela primeira vez, um artigo selecionado da publicação de Garvey. O texto fazia referências às questões fundamentais do imaginário afro-americano sobre a África: os negros dos Estados Unidos como líderes defensores da "raça negra", a África enquanto lugar de origem desta e a necessidade de civilização do continente.

O artigo, que foi apresentado por *O Clarim da Alvorada* como uma espécie de manifesto do *Negro World*, abordou o problema da escravidão e da dominação racial em seu primeiro trecho, lamentando os fatos dolorosos do passado. Aquele era o

---

30 APPIAH, Kwame Anthony. *Na casa de meu pai*. Rio de Janeiro: Contraponto, 1997.

momento de regeneração, eram necessárias "ideias avançadas" que pudessem colocar os órfãos e descendentes da Etiópia no rumo do progresso. Tratando dos conflitos raciais na África e no mundo em termos bélicos, o jornal editado por Marcus Garvey convocava os membros da "raça negra", sob a liderança de ilustres pensadores negros, para assumirem a função de soldados numa cruzada contra o "império dos inimigos sem coração". Esse esforço, no entanto, não significava que os negros deveriam empunhar suas armas para enfrentar os brancos; o desafio deveria ser empreendido no campo da economia:

> Esses mesmos inimigos de uma parte da humanidade, desde o ano de 1590, se têm convertido em povos para agarrar tudo o que correspondesse ao homem negro, anulando por completo os direitos que a cada ser humano pertencem. Exibindo preponderância sonham ainda com aqueles tempos, desejando implantar as mesmas normas que no passado. Unamo-nos, pois, nossas forças e edifiquemos a base sobre a qual descanse o êxito dos labores empreendidos. Imitemos os filhos da Ásia que, aonde quer que se encontrem, centralizam suas economias, trabalham unidos formando um só bloco sem que apareça a menor disparidade em suas atividades comerciais. Isso lhes tem aberto passo entre a rede mercantil de cada país, sem mais ciência que sua economia e sua determinação.[31]

---

31 "Eduquemos nossas massas". *O Clarim da Alvorada*, São Paulo, 3 de fevereiro de 1929, p. 1.

O ativista jamaicano tinha um projeto amplo de retorno à África que concebia não somente sua independência política, mas também seu "avanço" cultural a partir da civilização e a formação de instituições capazes de fomentar a economia do continente. Parte da experiência de Garvey foi experimentada na sociedade norte-americana com a tentativa de se criar instituições que possibilitassem a independência econômica dos negros através da formação de uma classe de homens da indústria e do comércio.[32]

A publicação de informações do *Negro World* foi fundamental para construir um cenário pan-africano no jornal e conectar os negros brasileiros com outros fora do território nacional. Como já dito, outras informações sobre a África em *O Clarim da Alvorada* vinham de fontes não mencionadas. No entanto, ainda que não seguissem o roteiro de uma narrativa pan-africana, estavam dispostas num arranjo determinado pelos editores que, por mais que se tornasse contraditório em alguns detalhes, ajudava a delinear um panorama para e dos negros no Atlântico, permeado pela ideia de ascensão da "raça negra". Nesse sentido, a publicação de Marcus Garvey, que circulava por países da América Latina, Caribe e África, depois de cuidadosa seleção, informou os leitores de *O Clarim da Alvorada* e serviu como eixo da cobertura jornalística sobre a África.

Se *O Clarim da Alvorada* manifestava o interesse em experiências de ascensão da "raça negra" pelo mundo, os norte-americanos já tinham uma tradição intelectual de interesse sobre a África desde a obra de Alexander Crummell. O pastor episcopal, com formação na Universidade de Cambridge, foi considerado

---

32 STEIN, Judith. *The World of Marcus Garvey: race and class in modern society*. Baton Rouge: LSU Press, 1986, p. 63.

um dos pais do pan-africanismo. Crummel, que passou grande parte da sua vida na Libéria em missões para educação de nativos, acreditava que negros da África, dos Estados Unidos e do Caribe formavam uma só "raça" e uma só nação. Desse modo, os negros, assim como os latinos e os anglo-saxões, formavam um único povo que deveria ter sua própria unidade política e o seu próprio espaço geográfico: a África.[33]

Crummell teve uma influência fundamental sobre os intelectuais e ativistas que defendiam o nacionalismo negro. Eles reproduziam a ideia de solidariedade e desenvolvimento dos negros baseada numa "categoria biologizada de raça". O pan-africanismo de Crummell tem precedentes nas ideias nacionalistas do século XIX. Da mesma forma que os românticos alemães, o intelectual negro entendia que uma nação deveria ter uma cultura, um território e uma língua própria. Ele, entretanto, tinha restrições às culturas e línguas africanas, uma vez que estas representavam uma ausência de civilização. Para Crummell, a identidade africana deveria se constituir a partir dos princípios "universais" do cristianismo.[34]

Embora possamos atribuir a origem do pan-africanismo ao pensamento de Alexander Crummell, William Edward Burghardt Du Bois se destacou como o grande teórico da ideia. Com uma trajetória acadêmica com passagem pela Universidade de Harvard e pela Universidade de Berlim, Du Bois estabeleceu os laços dos negros norte-americanos com suas origens. A sua obra intelectual ficou marcada pela afirmação de que "a história do mundo não era uma história de indivíduos, mas sim de raças". Segundo Kwame Appiah, William Du Bois tentou evitar

---

33 APPIAH, Kwame Anthony. *Op. cit.*, p. 28-38.
34 *Ibidem*, p. 39-43.

o uso da ideia de raça enquanto conceito biológico para definir um vínculo entre os afro-americanos e os africanos, porém sua noção sócio-histórica da raça negra nunca conseguiu superar o sentido de conexão biológica.[35]

William Du Bois não se restringiu à concepção teórica do pan-africanismo; o intelectual afro-americano se destacou também como um incansável ativista, distinguindo-se, sobretudo, na organização dos congressos pan-africanos. A partir destes eventos, Du Bois colocou em prática parte de sua obra intelectual, procurando estabelecer uma agenda política comum para norte-americanos, caribenhos e africanos. O primeiro congresso, realizado em 1919 na cidade de Paris, abriu o caminho para que intelectuais negros de toda parte do mundo pudessem compartilhar suas experiências e buscar soluções para o racismo e o colonialismo.[36]

Entre os vários intelectuais e ativistas envolvidos com o pan-africanismo, Marcus Garvey talvez tenha sido o mais controverso de todos. Se entre a classe de intelectuais era considerado charlatão, entre os populares era considerado uma liderança incontestável. Garvey elaborou uma versão messiânica e radical do pan-africanismo que, além de anunciar o retorno dos negros do Novo Mundo ao continente africano, concebia um racismo negro baseado nos princípios de segregacionistas brancos. O líder jamaicano por um lado convencia os seus seguidores a financiar projetos mirabolantes de colônias em um

---

35   *Ibidem*, p. 53-58.
36   DECRAENE, Philipe. *Pan-africanismo*. São Paulo: Difel, 1962, p. 22-28.

estado negro na África, de outro inflamava populares do bairro do Harlem com um discurso de orgulho racial.[37]

Além de William Du Bois e Marcus Garvey, intelectuais como o haitiano Jean Price-Mars tiveram grande influência sobre o debate em torno da "raça negra" e do destino do continente africano. Sendo assim, os congressos pan-africanos conservaram uma perspectiva dos negros do Novo Mundo, privilegiando em demasia os laços raciais de afro-americanos e caribenhos com africanos a partir de valores ocidentais. O pan-africanismo ganharia novos contornos somente depois da Segunda Guerra Mundial, período em que intelectuais africanos passariam a construir um retrato positivo da diversidade de tradições culturais do continente negro.

A África que chegava aos leitores de *O Clarim da Alvorada* era, sobretudo, resultado dessa representação pan-africanista dos intelectuais afro-americanos, selecionada principalmente no *Negro World*. Apesar dos parcos recursos que dispunham para a confecção do periódico, *O Clarim da Alvorada* passou a opinar e a refletir sobre questões dos negros relativas ao âmbito internacional, graças à circulação de fontes, ideias e projetos do universo negro dos dois lados do Atlântico. Como a publicação de Marcus Garvey era a principal fonte de informações sobre a África, o jornal brasileiro recebia a versão mais radical dessa perspectiva.

Em agosto de 1930, *O Clarim da Alvorada* publicou dois artigos atribuídos ao *Negro World*. Em ambos, os articulistas do jornal afro-americano falavam em nome de uma "doutrina garveysta" que defendia a libertação da "raça negra" e de sua suposta pátria, a África. No artigo Raça desprivilegiada, o autor teceu

---

37 *Ibidem*, p. 18-19.

críticas às representações que brancos faziam sobre a África, considerando apenas "as cenas feias, brutas e bárbaras, ampliando--as e as exagerando". De acordo com ele, na cobertura dos grandes jornais dos Estados Unidos, raramente se mostrava o papel ativo de homens e mulheres negros com habilidades e sabedoria, ministros de evangelho, advogados, estadistas, operários sociais ou homens eruditos do continente africano. Como exemplo de uma cobertura positiva sobre a "raça negra" em geral, os jornais da grande imprensa, como o *The New York Times*, deveriam divulgar figuras como Marcus Garvey, "um líder ativo que enfrentava de maneira contundente aqueles que apoiavam o imperialismo na África, assim como havia feito na Primeira Convenção Negra Internacional (1920)", em Nova York.

> Quando Marcus Garvey eletrificou o reino negro e estremeceu o mundo com seu discurso na primeira Convenção Negra Internacional, a imprensa foi compelida pela mera força de sua personalidade dinâmica, sua linha retórica, sua eloquência persuasiva, oração sublime e sua audácia magnífica, a dar-lhe colunas de publicidade. Porém, embora ele seja ativo, não deixo de lembrar que sua estampa nunca foi posta na seção de fotogravuras dos jornais dominicais.[38]

Como se pode notar, O *Clarim da Alvorada* dedicou muito espaço a Marcus Garvey, mesmo que não defendesse o projeto

---

38 "A raça desprivilegiada". *O Clarim da Alvorada*, São Paulo, 23 de agosto de 1930, p. 4.

de retorno à África para os negros brasileiros. O artigo trataria ainda da superexposição das apresentações de menestréis brancos que faziam performances com a pele pintada de preto, retratando os negros de maneira estereotipada. A dupla de artistas brancos que interpretava os personagens negros Amos e Andy havia se enriquecido ao fazer chacotas de figuras negras. O autor lamentava que o escárnio destes fizesse sucesso entre o público norte-americano, impedindo que negros pudessem censurar a propagação de imagens dessa natureza. As chacotas dos comediantes eram entendidas como ofensa às obras de artistas negros que expressavam as verdadeiras experiências dos escravos sob a opressão da escravidão:

> Al Johnson pode fazer ainda as suas canções de mamães negras, porém graças aos céus, Roland Layes é supremo nos espirituais negros. Isso não é coisa alguma frívola, é o produto de centenas de anos de cativeiro e opressão, é o resultado do sangue, afã e das lágrimas. É a divina eloquência da alma pesarosa do negro que tinha esperança nas trevas da escravidão: chorado, orado, perdoado e escarnecido. É a expressão da alma negra e, graças a Deus, somente o negro pode cantá-las.
>
> O branco norte-americano faz tudo para ganhar dinheiro.[39]

Neste artigo, o autor fazia a conexão entre as situações de africanos e afro-americanos, vítimas de uma imprensa que não

---

39 *Ibidem.*

se preocupava em disfarçar o seu preconceito e parcialidade contra a "raça negra". Nesse sentido, o jornal de Marcus Garvey se apresentava como um órgão responsável pela defesa de um "povo ultrajado" por europeus e norte-americanos.

Essa lógica ficou evidente em outro artigo selecionado do *Negro World* publicado na mesma edição, escrito pelo articulista norte-americano Arthur Grey, que clamava pela união de esforços de toda a "raça negra" para a defesa da África. Para ele, aquele era o momento fundamental para a reação dos negros de todas as partes do mundo contra a opressão dos brancos. Grey argumentava que, apesar da situação desprivilegiada, os negros ainda tinham o domínio sobre o seu destino e poderiam ser os "arquitetos do porvir":

> A história nos ensina que somos os descendentes dos nossos antepassados, que foram roubados da África; o presente nos ensina que a África está sendo dividida entre as nações ladras do mundo como suas propriedades. Hoje, milhões de povos pretos de descendência africana estão se submetendo à dominação daqueles que têm roubado-lhes a riqueza, o lar, a família e a cultura.[40]

À medida que as notícias traduzidas do *Negro World* aumentavam, *O Clarim da Alvorada* passava a montar um quadro político em que o pan-africanismo norte-americano se confundia com as lutas pela descolonização das nações africanas. Como vimos no capítulo anterior, o periódico brasileiro

---

40 "O que devemos fazer para nos libertar". *O Clarim da Alvorada*, São Paulo, 23 de agosto de 1930, p. 4.

passou a concentrar as informações sobre as experiências negras estrangeiras nas últimas páginas, até que em 1930 resolveu organizá-las na coluna chamada "Mundo Negro", inspirada pelo periódico de Marcus Garvey, como já indicado.

Parte deste quadro político foi capitaneado pelos acontecimentos em torno da Abissínia. Na edição de setembro de 1930, *O Clarim da Alvorada* trouxe a notícia da coroação de seu novo rei. O texto descrevia a gloriosa história de um povo que havia resistido às ofensivas de países da Europa, mantendo a sua soberania em um continente dominado pelo imperialismo europeu. A sua independência era histórica, "desde os tempos bíblicos". Negus Tafari, que haveria de ser coroado no dia 2 de novembro de 1930, assumiria um trono onde já haviam sentado a Rainha de Sabá, Menelick e a imperatriz Judith. Não era pouca coisa.

O autor chamava a atenção para o fato de que a coroação de Tafari seria acompanhada por representantes das principais potências mundiais: França, Inglaterra, Itália e Estados Unidos. Naquele momento, a Abissínia mantinha boas relações com esses países, garantidas por uma localização privilegiada que permitia o acesso marítimo de mercadorias das possessões coloniais que circundavam o país. Contudo, de acordo com o autor, a situação poderia mudar, o que obrigou a nação africana a entrar para a Liga das Nações Unidas.[41]

A desconfiança dos articulistas do *Negro World* com relação aos países europeus foi compartilhada por *O Clarim da Alvorada*. O jornal brasileiro, na sua edição de julho de 1930, manifestou a sua opinião ao introduzir seus leitores a um artigo

---

41 "O novo imperador da Etiópia vai ser coroado em 2 de novembro". *O Clarim da Alvorada*, São Paulo, 25 de setembro de 1930, p. 4.

sobre a proliferação de conflitos armados pelo mundo. Os editores da publicação pediam pelo fim do banho de sangue e por ações mais amistosas por parte dos europeus. Para *O Clarim da Alvorada*, as nações do velho continente deveriam respeitar o direito dos outros povos e não utilizar as armas para impor a sua vontade.[42]

Já o artigo traduzido de fonte não revelada, o autor, identificado apenas como Strong, fez um exame do contexto internacional após a Primeira Guerra Mundial, chamando atenção para o perigo de manutenção do domínio pelas armas das grandes potências europeias sobre os povos da Ásia e da África. Apesar de todos os arranjos para se manter o equilíbrio entre as nações depois da guerra, os europeus continuaram a estimular rivalidades a partir de disputas por territórios, acentuando a exploração dos recursos naturais e do trabalho compulsório nas colônias. Para Strong, os países somente chegariam à paz se respeitassem o princípio de determinação dos povos, emancipando as nações que quisessem caminhar com as próprias pernas.[43]

Neste momento em que os europeus mantinham os seus domínios sobre africanos e asiáticos, surgiram artigos em *O Clarim da Alvorada* que interpretavam o contexto político não apenas como um conflito entre nações, mas também como um embate entre "raças". Nesse sentido, para se pensar na solução da questão do colonialismo europeu no continente africano era necessário que se ampliasse os horizontes e se levasse em

---

42 "A paz no mundo deve ser mantida pela neutralidade armada". *O Clarim da Alvorada*, São Paulo, 27 de julho de 1930, p. 4.

43 *Ibidem*, p. 4.

consideração também as experiências coloniais na Ásia e em outras partes do mundo.

Esse raciocínio ficou claro em um artigo publicado na edição de setembro de 1930 de *O Clarim da Alvorada* sobre uma reunião da Liga das Nações em Genebra. A instituição foi descrita como um clube de chefes de estado que defendiam o próprio interesse ao invés de lutarem pelo bem comum. "As grandes nações estavam mais interessadas nos dólares e nas libras que poderiam lucrar com os povos subjugados." O destaque do encontro, contudo, não foi nenhuma das nações africanas, e sim o Haiti. O seu representante, de acordo com o artigo traduzido do *Negro World*, fez declarações contra a presença norte-americana no país e no resto da América Latina. Os Estados Unidos foram acusados de intervir em outros países obedecendo apenas aos seus interesses comerciais. Segundo o delegado haitiano, os norte-americanos não compreendiam que as relações comerciais com os outros países da América poderiam ser melhores se não abusassem da Doutrina Monroe[44] para ocupar países caribenhos e latino-americanos.[45] Se em artigo anterior a Liga das Nações foi interpretada como a benéfica instituição que garantia a abolição da escravidão de Serra Leoa, aqui, a partir do jornal com propostas mais radicais de Marcus Garvey, foi trata-

---

44 A Doutrina Monroe foi criada em 1823 pelo presidente norte-americano James Monroe (1817-1825), ao defender a soberania dos países da América frente à restauração monárquica que vinha ganhando força na Europa. Ela ganhou um novo sentido na administração de Theodore Roosevelt (1901-1909) – o Corolário Roosevelt associado à Doutrina Monroe –, quando passou a ser usada como instrumento legitimador das intervenções norte-americanas em outros países.

45 "Sociedade das Nações". *O Clarim da Alvorada*, São Paulo, 28 de setembro de 1930, p. 4.

da como instituição internacional que não cumpria o seu papel de mediadora em conflitos e na defesa de nações mais pobres.

O Haiti, então, se transformava em uma referência da luta anticolonialista e da luta negra. O pequeno país do Caribe, de maioria negra, havia sido invadido pelas forças norte-americanas em 1915, permanecendo sob o domínio dos Estados Unidos por 19 anos. Com a justificativa de acabar com a desordem no país, os *yankees* submeteram a economia haitiana aos seus interesses, assim como haviam feito com outros países da região caribenha.[46] Não sem motivo, a atuação dos norte-americanos fora das fronteiras nacionais – somada à sua política segregacionista em âmbito doméstico – entrou para a lista de feitos da "raça branca" que causavam grandes distúrbios políticos e econômicos pelo mundo.

O autor do artigo lamentou que a Unia (Universal Negro Improvement Association), através de seu líder, Marcus Garvey, não pudesse participar oficialmente dos encontros da Liga das Nações para manifestar a sua opinião em relação à situação do Haiti e de outras nações negras, "representando cerca de quatrocentos milhões de negros espalhados por todo o mundo". Ele alegou que a Inglaterra temia a contundente mensagem de Garvey de que "o homem negro deveria ter o seu próprio governo para ser respeitado pelas nações". Os ingleses "faziam uma campanha de difamação do ativista jamaicano, tratando-o como um louco que tinha a pretensão de criar um império no continente africano":

> Mas, diante disso, a orgulhosa Inglaterra, temerosa e acovardada, mandou dizer ao mundo que

---

46 Ver SCHOUTZ, Larz. *Beneath the United States: a history of U.S. policy toward Latin America*. Cambridge: Harvard University Press, 1998.

esse Garvey é um louco que quer fazer um império negro na África; mas o mundo não pode acreditar na loucura do maior discípulo do imortal negro Booker Washington depois da grandiosa convenção da RAÇA NEGRA, reunida na Jamaica, com o aparecimento desse outro louco que se chama Gandhi. Mais dia menos dia, a corrente garveysta alcançará o seu objetivo sem o apoio hipócrita da SOCIEDADE DAS NAÇÕES.[47]

É importante lembrarmos que Marcus Garvey havia nascido na Jamaica, ilha caribenha que permanecia como colônia inglesa. Era, desse modo, um ativista que defendia um projeto para os negros e lutava pela descolonização não só da África, mas também das colônias inglesas do Caribe. O *Negro World*, nesse sentido, não somente construía a imagem de Garvey como um ativista capaz de liderar o processo de redenção da África, mas também como figura fundamental de uma luta mais ampla contra as potências europeias, que incluía também o ativista indiano Mahatma Gandhi. A Índia havia se tornado uma referência ao desafiar o império britânico, sobretudo a partir das ações de não violência. Para a visão racializada dos articulistas do *Negro World*, os indianos formavam mais uma nação negra que lutava contra a supremacia da "raça branca".

Aqui notamos que *O Clarim da Alvorada*, apesar de ter sido contrário ao projeto garveysta de retorno à África, traçou um panorama da condição negra dos dois lados do Atlântico e tornou-se mais contundente nas suas posições, após incluir entre

---

47 "Sociedade das Nações". *O Clarim da Alvorada*, São Paulo, 28 de setembro de 1930, p. 4.

as suas referências o *Negro World*. A partir de então, os articulistas do periódico passaram a clamar pela descolonização do mundo: África, Caribe e Ásia.

Na edição de julho de 1930, *O Clarim da Alvorada* publicou um manifesto de Andronicus Jacob, articulista do *Negro World*, contra o imperialismo britânico na Índia. Assim como havia feito em outros artigos, antes de reproduzir as ideias da fonte estrangeira, o jornal brasileiro expressou sua opinião sobre o assunto a ser tratado. Falou em favor da Índia, "misteriosa, heroica pátria dos mistérios transcendentes". A distante nação do sudeste asiático, da qual os brasileiros tinham pouco conhecimento, levantava a "sua grande alma espoliada" perante o "tribunal da consciência humana", se rebelando contra a asfixia da presença britânica e "sonhando com os direitos dos homens proclamados na Revolução Francesa". Por outro lado, a Inglaterra difundia pela Europa a liberdade dos povos, mas na África e na Ásia "empunhava o chicote". Nesse sentido, o periódico brasileiro trazia aos seus leitores reivindicações negras que ultrapassavam as fronteiras nacionais, mostrando a "página dolorosa do mal estar do grande povo sonhador".

O artigo de Andronicus Jacob revelou mais a preocupação em questionar a posição dos britânicos enquanto potência imperialista do que entender toda a situação a partir da perspectiva dos indianos. O articulista do *Negro World* entendia que o império britânico era o mais intransigente em relação à emancipação de suas colônias. Enquanto os outros "saqueadores" que haviam dividido o mundo haviam tomado a decisão de conversar sobre a paz, a Inglaterra continuava com a ideia de "conservar seres humanos como subservientes". Jacob questionava, inclusive, a importância histórica dos britânicos em relação aos indianos:

> Se Alexandre, o Grande, rei da Grécia, com todo o seu poderio, domínio e fama não tinha o direito de ficar na frente da luz do sol de Diógenes, porque a Inglaterra fica na dos Indus? A Índia, com um território mil vezes maior do que a da Inglaterra, com uma história muito mais antiga, um povo diferente em raça, cor, psicologia e religião – com os homens de sabedoria – certamente deve ser mestra de sua casa.[48]

Ainda que as informações vindas do *Negro World* criticassem veementemente a presença dos britânicos na África e na Ásia, os relatos sobre os conflitos entre nativos e as tropas britânicas eram raros. Na edição de julho de 1930, *O Clarim da Alvorada* publicou um protesto de nigerianos radicados nos Estados Unidos. A Liga Nigeriana, da cidade de Los Angeles, denunciava o assassinato de 13 mulheres e um homem nigeriano por oficiais britânicos. O protesto mencionava uma série de assassinatos organizados contra os nativos na região meridional da Nigéria, resultado de uma ação de vingança em relação a eventos anteriores. Através de Milton Philips, seu secretário, a Liga Nigeriana direcionava o protesto ao primeiro ministro da Inglaterra, exigindo que esse lamentável acontecimento fosse investigado pelo governo e os culpados punidos. Os nigerianos

---

48 "A Índia quer seu lugar ao sol". *O Clarim da Alvorada*, São Paulo, 27 de julho de 1930, p. 4.

de Los Angeles ainda reivindicavam a saída voluntária da administração britânica para que os cidadãos do país pudessem respirar enfim a liberdade:

> A The Nigerian League of Los Angeles, Califórnia, tem me autorizado trazer a sua presença, o precedente, para a sua cautelosa consideração, do caso de discutir a independência da Nigéria. É uma comissão escolhida de doze dos quais sou o primeiro secretário, está pronta a encontrar o Sr. Primeiro Ministro em conferência sobre a retirada voluntária das tropas britânicas da Nigéria, desta maneira deixando os seus cidadãos gozar os frutos da liberdade, para a qual desde a muito tempo almejam e suspiram.[49]

Na coluna "Mundo Negro", a partir de matérias selecionadas no *Negro World*, se os ingleses foram retratados como os protagonistas dos malefícios da colonização praticada na África, os franceses chegaram até mesmo a ser elogiados pelo *Chicago Defender*, mais moderado que o periódico de Marcus Garvey. Na edição de janeiro de 1930, *O Clarim da Alvorada* estampou a frase "França a melhor amiga da raça negra", se referindo a uma reportagem enviada por Robert Abbott. O jornalista viajou para a "nação amiga da raça negra" com o objetivo de visitar os túmulos de soldados negros norte-americanos que haviam participado da Primeira Guerra Mundial. De acordo com o *Chicago*

---

49 "Quer a liberdade da Nigéria". *O Clarim da Alvorada*, São Paulo, 27 de julho de 1930, p. 4.

Defender, Abbott foi recepcionado por figuras importantes da França e cercado de cerimônias, além da sua homenagem aos fuzileiros negros dos Estados Unidos ter recebido a cobertura de diversas publicações francesas.[50]

Nesta mesma edição, *O Clarim da Alvorada* ainda publicou uma nota, de uma fonte não divulgada, sobre um monumento que fora erguido em homenagem aos soldados senegaleses mortos que também haviam participado da Primeira Guerra Mundial. Os combatentes da colônia francesa foram reverenciados diretamente pelo governo francês que, através do administrador de Senegal, alegou ser a França uma nação que considerava os africanos de suas possessões como cidadãos franceses, independentemente da cor da pele.[51]

Não há dúvidas de que esse quadro político retratado pelos jornais norte-americanos – no qual se carregava nas tintas quando o assunto era a atuação do império britânico na África e Ásia, reduzindo o papel das outras nações europeias igualmente colonizadoras na mesma região – foi influenciado pela maior proximidade destes com as experiências das colônias britânicas da África e do Caribe. Embora intelectuais negros dos Estados Unidos como William Du Bois frequentassem os círculos de produção intelectual francesa, a relação com os africanos baseados em Paris estava longe de ser intensa. Estes não estavam tão abertos para o ativismo de líderes e jornalistas como Marcus Garvey e Robert Abbott tanto quanto estavam para as

---

50 "Viagem do Dr. Robert S. Abbott à França". *O Clarim da Alvorada*, São Paulo, 25 de janeiro de 1930, p. 4.

51 "Monumento descoberto". *O Clarim da Alvorada*, São Paulo, 25 de janeiro de 1930, p. 4.

obras literárias de escritores como Alain Locke, Claude Mckay e Du Bois. Até o final da década de 1920, Marcus Garvey ainda procurava articular uma rede que se estendesse até Paris. Por outro lado, a ideia de que o colonialismo britânico era mais rígido do que o francês também era fomentada pela efervescência da articulação política entre africanos formados nas universidades francesas que transmitia a sensação de que a "raça" não era um elemento importante para a construção de desigualdades sociais na França.[52]

Contudo, apesar de algumas raras referências positivas, os franceses ainda eram considerados como parte de uma "raça" opressora que, segundo Marcus Garvey, manifestava os seus interesses a partir da Liga das Nações. Um artigo escrito por Andronicus Jacob e publicado por o *Clarim da Alvorada* em julho de 1931 sustentava a posição de Marcus Garvey em relação ao suposto conflito entre a "raça negra" e a Liga das Nações. O articulista do *Negro World* expressou a sua preocupação com a situação da Abissínia, a "única" nação da África que poderia se considerar realmente emancipada em relação às potências mundiais. A Libéria, apesar de independente, segundo Jacob, havia deixado de lado a sua soberania quando os seus políticos corruptos permitiram que uma empresa norte-americana de pneus transplantasse seringueiras do Brasil para o seu país. A nação do Rei Tafari não se rendia a interesses econômicos e não era frágil como o Haiti, que sofria nas mãos dos Estados Unidos. A Abissínia, que havia emergido como um país soberano sob

---

52 EDWARDS, Brent Hayes. *The pratice of diaspora: literature, translation, and the rise of black internationalism*. Cambridge: Harvard University Press, 2003, p. 98-104.

a liderança do já lendário Menelick II, poderia se equiparar ao Japão, "que havia rechaçado o imperialismo dos russos". Nesse sentido, a nação africana deveria manter vigilância com respeito às "astúcias do homem branco".

A Abissínia, já chamada de Etiópia na década de 1930, se transformara em símbolo de resistência e redenção da "raça negra" pelo mundo. Ainda que, como a Libéria, mantivesse relações comerciais com a Europa, principalmente com a França,[53] a influência que tivera no imaginário pan-africanista na primeira metade do século foi vigorosa. Ao preservar a sua soberania frente aos interesses italianos em 1896, com Menelick II, e resistir à ocupação dos mesmos com Haile Selassie, no ano de 1934, os etíopes construíram uma imagem mítica de resistência ao Ocidente e, consequentemente, de opositores ao domínio da "raça branca". O *Negro World* e, por consequência, *O Clarim da Alvorada* ajudaram a divulgar essa imagem da Abissínia como país autônomo.

---

53 Ver SPENCER, John H. *Ethiopia at Bay: a personal account of the Haile Selassie Years*. Los Angeles: Tsehai Publishers, 2006.

Figura 5: *O Clarim da Alvorada* de janeiro de 1930

Na penúltima vez em que a coluna "Mundo Negro" foi publicada, em novembro de 1931, *O Clarim da Alvorada* apresentou aos seus leitores o trecho de uma conferência de Marcus Garvey na Jamaica. O ativista demonstrava certo ceticismo em relação ao futuro material do negro. Desde sua ascensão após a abolição da escravidão, "a população negra ainda se encontrava errante e desamparada", progredindo pouco desde o período do cativeiro. Esse era um momento para se retomar o período em que os povos negros da região do Rio Nilo civilizavam o mundo e "brancos viviam como bárbaros presos em cavernas". Estes, para que pudessem atingir o grau de evolução em que se encontravam naquele instante, "tomaram emprestado o conhecimento construído pelos etíopes", que já haviam colaborado com a civilização grega. Para Garvey, a África e os negros de todas as partes do mundo precisavam de um messias, um líder que pudesse reconduzi-los à dianteira da civilização. Interessante notar que o tal messias deveria seguir referências de líderes históricos que não eram negros, entre eles o primeiro ministro britânico Benjamin Disraeli, responsável pela expansão do Império Britânico na segunda metade do século XIX:

> Luto, porém, não verei a ÁFRICA remida, mas estamos fazendo as bases para a sua emancipação. A raça negra precisa de seu Nelson, Cesar, Peel, Cathan, Disraeli, Weister, Napoleão, Lincoln, Joana D'arc, Nightingale, e Covell. No decorrer destes cem anos precisamos de ter nossa NIGHTINGALE.

Nesse sentido, a África, na perspectiva do pan-africanismo de Marcus Garvey, necessitava de lideranças que se enquadrassem num perfil que combinasse figuras históricas conhecidas pela destreza militar, como Cesar, Napoleão e Joana D'arc, com outras conhecidas pela integridade moral, como Catão, Lincoln e a enfermeira Florence Nightingale.[54] Para esta, o autor deu

---

54 Florence Nightingale, apesar da cidadania britânica, nasceu em 1820 em Florença, Itália. Ela se destacou como enfermeira que teve participação ativa na melhoria do tratamento médico e nas condições sanitárias dos hospitais.

um especial destaque, julgando talvez que o continente africano não precisasse somente de uma autoridade capaz de organizar uma frente política contra o colonialismo, mas também de alguém que entendesse a África em sua singularidade, lhe oferecendo um tratamento adequado, assim como um corpo enfermo. Desse modo, a redenção do continente negro se daria nos termos propostos por um dos pioneiros do pensamento pan-africanista, Alexander Crummell: a África para os africanos e seus "descendentes", mas moderna e sem os traços considerados "primitivos" das sociedades da África subsaariana.

A redenção da "raça negra" era também o que esperavam os jornalistas de *O Clarim da Alvorada*, mas não a volta para a África. Se as notícias sobre os negros dos Estados Unidos serviam como reflexão sobre o debate a respeito da incorporação simbólica do negro à sociedade brasileira, o quadro político das lutas pela descolonização do continente retratado pelo periódico introduziu os seus leitores a uma série de articulações políticas internacionais protagonizadas por lideranças negras. Para Mario Vasconcelos, José Correia Leite e outros simpatizantes das mensagens de Marcus Garvey, a ideia de "África para os africanos" significava mais do que a libertação de um continente inteiro. O processo de emancipação dos povos africanos anunciava a retomada de uma caminhada das populações negras rumo ao progresso, que havia sido interrompida pela escravidão e pelo colonialismo.

Nesse sentido, apesar dos recursos reduzidos que possuíam para a publicação de *O Clarim da Alvorada,* os jornalistas brasileiros se conectaram às lutas dos membros de sua "raça" em outras partes do mundo. Para eles, a redenção da "raça negra", para além do território brasileiro, poderia ajudar os negros do Brasil a vencerem os obstáculos do preconceito no país.

O que observamos aqui, mais uma vez, é a configuração do que Paul Gilroy define como Atlântico Negro, espaço transnacional de circulação de ideias que são apropriadas pelas populações negras para definir o seu lugar em diferentes Estados nacionais ou para outras proposições para os negros dos dois lados do Atlântico.[55] O *Clarim da Alvorada* ultrapassou esse espaço, opinando sobre a colonização dos impérios europeus também na Ásia, principalmente na Índia, como vimos. No que diz respeito à África, compreendida inicialmente como bizarra e atrasada segundo os olhares dos jornalistas brasileiros, teve posteriormente essa imagem diluída em meio ao conjunto de acontecimentos retratados, principalmente a partir do *Negro World*, periódico preocupado em divulgar para os seus leitores uma ideia de retorno à África, embora não fosse esse o projeto do jornal negro brasileiro, como já discutido. O continente negro ressurgiu nas páginas de *O Clarim da Alvorada* de maneira positiva, como lugar promissor para o projeto "ocidentalizado" de "nação negra" dos norte-americanos. Esse retrato da África foi utilizado pelos editores do jornal brasileiro porque era concebido a partir de dois conceitos fundamentais para as lideranças daquele período: "raça" e "progresso".

---

55 GILROY, Paul. *O Atlântico Negro*. São Paulo: Editora 34, 2001.

Considerações finais

O *Clarim da Alvorada*, durante os oito anos de sua edição (1924-1932), consolidou-se como uma publicação editada por lideranças negras paulistanas, com o interesse claro na organização da população negra de São Paulo e, consequentemente, do Brasil em torno de um projeto de integração social. Portanto, a busca pela ascensão dos negros brasileiros não estava associada somente à condição de igualdade política entre os cidadãos; os jornalistas da folha negra lançaram mão de estratégias discursivas distintas – como os muitos usos que fizeram do passado brasileiro, sempre incluindo o negro como agente e ator na constituição do país –, além da utilização de símbolos, no intuito de "imaginar a população negra" como parte da nação brasileira e afirmar valores de convívio racial que prevalecessem sobre a discriminação. Para tal, o periódico procurou reinventar a imagem de um negro moderno, despido de elementos tradicionais africanos, e que estivesse completamente ajustado às exigências de uma sociedade baseada, teoricamente, em novas relações de trabalho. Depreende-se, assim, que o *Clarim da*

Alvorada, embora dirigido à população negra, falava também para a sociedade brasileira, propondo, além de uma identidade negra moderna e digna, a inclusão dessa parcela da população à identidade nacional.

O projeto de inserção nacional esteve diretamente vinculado às manifestações políticas negras que sacudiam os dois lados do Atlântico naquele período. As notícias e artigos sobre as experiências negras internacionais foram cuidadosamente selecionados em jornais negros dos Estados Unidos, em particular no *Chicago Defender* e no *Negro World*, dando respaldo aos interesses políticos do grupo de jornalistas negros em torno de *O Clarim da Alvorada*. Com recursos mínimos e muita criatividade, José Correia Leite, Jaime de Aguiar, Mario Vasconcelos e os demais colaboradores procuraram inserção também no espaço que Paul Gilroy consagrou como o Atlântico Negro: um conjunto de ideias e imagens em circulação que contribuíam na reflexão sobre a situação dos negros no Brasil e no mundo.[1] A seleção de notícias e informações sobre as atividades negras internacionais nos indica como aqueles homens leram e traduziram os jornais norte-americanos, procurando deixar claros os contornos do seu projeto de integração nacional. Aos poucos definiriam, além da identidade negra moderna e participante da identidade nacional, uma solidariedade para com a condição negra que ultrapassava as fronteiras nacionais, constituindo uma espécie de identidade transnacional.

A princípio, nos primeiros anos de *O Clarim da Alvorada*, quando ainda se transformava em uma referência de jornalismo combativo, como acompanhamos nos capítulos desta obra,

---

1   GILROY, Paul. *Op. cit.*

a abordagem que prevaleceu foi a da alteridade em relação à sociedade norte-americana. Ou seja, os jornalistas paulistanos se concentraram nas questões relativas à definição de uma brasilidade que concebesse o negro enquanto parte da nação, criando, de forma sumária, o terror vivido por negros nos Estados Unidos – na época, já marcados indelevelmente pela segregação racial.

No caso das imagens referentes à África, a lógica não foi diferente. Os laços com o continente africano foram estabelecidos através de narrativas históricas que tratavam da ascendência africana da população negra do Brasil, valorizando a contribuição desta, no período da escravidão, para a construção da pátria. Nesse sentido, a África foi considerada como um espaço distante de onde tinham se originado os ancestrais da população negra no Brasil. Tal distância estabelecida com o continente africano pretendia fortalecer os vínculos dos negros com a sociedade brasileira.

No final da década de 1920, o conturbado cenário político agitava vários setores sociais, entre eles as lideranças negras de São Paulo. O desapontamento com a jovem República brasileira se manifestava com a crítica ao tratamento dispensado pelos governantes à população negra em geral. Além do preconceito de cor, que se revelava em algumas instituições, os ativistas negros reprovavam as políticas de imigração, que eram consideradas um atentado aos princípios da nação brasileira. Dessa forma, *O Clarim da Alvorada* reagia ao contexto através do questionamento de uma suposta congregação racial no Brasil. Os articulistas do periódico negro faziam referência, sobretudo, à emancipação da população escrava e ao descaso para com sua integração.

Portanto, a seleção de informações dos jornais *Chicago Defender* e *Negro World* se ajustava às necessidades políticas de *O Clarim da Alvorada*. Os dois periódicos norte-americanos, editados em meio ao processo de segregação racial, além de ilustrar a violência das relações entre negros e brancos nos Estados Unidos, ajudaram a delinear um espaço amplo de experiências negras que poderiam ser consideradas como exemplos positivos. Esse também foi o período em que o olhar de *O Clarim da Alvorada* sobre a população negra se modificava. Os artigos sobre a anomia de negros que definhavam em meio à miséria na cidade de São Paulo deram lugar aos que se preocupavam em mobilizar a mocidade, tratando-a como uma geração capaz de iniciar o processo de "modernização" da população negra. Dessa forma, as ações de cooperação entre os negros norte--americanos eram utilizadas como referência de colaboração racial, demonstrando como uma suposta mobilização negra na cidade poderia resultar na ascensão social e material para o grupo, mesmo que o objetivo fosse o de integrar o negro primordialmente à nação.

Os exemplos de autodeterminação da "raça negra" registrados nas fontes internacionais não estavam circunscritos aos Estados Unidos; o continente africano também foi apresentado como palco de embates políticos. Contudo, diferente das representações de uma África bárbara e primitiva, estavam em jogo projetos de perspectiva norte-americana que a concebiam como um continente redimido de culturas inferiores e livre dos europeus. A abordagem pan-africana de Marcus Garvey, através do *Negro World*, ajudou a construir a ideia de uma África "civilizada" nas páginas de *O Clarim da Alvorada*. Os exemplos considerados como bem-sucedidos da Libéria e da Etiópia, enquanto nações negras independentes, provavam a capacidade da "raça nega" em constituir Estados soberanos.

O que procuramos demonstrar é como as experiências negras, relatadas fundamentalmente pelos jornais norte-americanos, foram utilizadas por *O Clarim da Alvorada* para definir o lugar do negro na sociedade brasileira. No Atlântico Negro, compreendido como um espaço transnacional de culturas políticas negras, o periódico brasileiro se preocupou em traduzir as ideias que circulavam pelos impressos para o contexto nacional. As noções de raça e progresso orientavam as organizações de lideranças negras no panorama internacional, aproximando os objetivos de *O Clarim da Alvorada* das experiências negras pelo mundo. A independência das nações africanas não era somente uma questão de soberania, significava também o ingresso da "raça negra" no processo "evolutivo".

Não podemos ignorar o fato de que *O Clarim da Alvorada* era um periódico negro de São Paulo em um período no qual a cidade crescia de maneira vertiginosa, sendo considerada como o centro do processo de modernização da nação brasileira. Nesse sentido, as lideranças negras, imbuídas pela ideia de progresso, construíam representações de um negro moderno, uma identidade capaz de integrar a população negra paulistana a um novo contexto histórico. Os articulistas defendiam ardorosamente a educação como meio para alcançar a tão almejada modernidade, desvinculando-se dos referenciais como os da inaptidão, do atraso e da ignorância, em geral relacionados a essas camadas subalternas da população.

Assim, enquanto a utilização da Mãe Preta concentrava símbolos e significados que conferiam uma brasilidade aos negros, as imagens e notícias das experiências negras nos Estados Unidos ajudavam a construir as representações sobre o negro moderno. Marcus Garvey, Robert Abbott e Booker T. Washington eram considerados como exemplos de sucesso e de empreendedorismo negro, conquistado, segundo a ótica do jornal brasileiro, a partir da valorização da educação e do trabalho. Os Estados Unidos foram retratados como um país de profundas divisões raciais, o que gerava questionamentos sobre a civilização da sociedade norte-americana. Porém, a noção de que os *yankees* eram uma potência mundial esteve sempre presente nas páginas de *O Clarim da Alvorada*. Dessa forma, os casos de ascensão de profissionais negros no país eram citados como evidência de que a "raça negra" poderia acompanhar o progresso de países com alto grau de desenvolvimento como os Estados Unidos. Se os negros norte-americanos, mesmo com a segregação racial, tornavam-se médicos, advogados e empresários, porque os brasileiros não conseguiriam?

Nesse sentido, o "negro norte-americano moderno" e a "África civilizada" despertavam nos jornalistas um sentimento de solidariedade com as lutas negras internacionais, fazendo emergir uma identidade transnacional que foi expressa por Mario Vasconcelos a partir do uso do termo "movimento pan-negro". A luta de *O Clarim da Alvorada* em prol da ascensão da população negra na sociedade brasileira foi tratada como parte de um processo internacional de modernização das populações negras. Embora os jornalistas do periódico negro não tivessem circulado por outros países para trocar experiências com os seus "irmãos de raça", não deixaram de criar uma subjetividade "diaspórica", redefinindo fronteiras identitárias. O amplo panorama de lutas negras construído por eles nas páginas de *O Clarim da Alvorada* permitia que se colocassem como membros de redes internacionais de intelectuais e ativistas negros no Atlântico Negro, assim como William Du Bois, Marcus Garvey, Robert Abbott, Claude Mckay e Langston Hughes.

Bibliografia e fontes

JORNAIS

O Clarim da Alvorada: coleção de 1924 a 1932 se encontra no Instituto de Estudos Brasileiros (IEB).

Chicago Defender: coleção disponível no site Chicagodefender.com.

LIVROS E ARTIGOS

ALBERTI, Verena & PEREIRA, Amilcar Araujo (orgs.). *Histórias do movimento negro no Brasil*. Rio de Janeiro: Pallas; CPDOC--FGV, 2007.

ABREU, Martha; SOIHET, Rachel; GONTIJO, Rebeca (orgs.). *Cultura política e leituras do passado: historiografia e ensino de história*. Rio de Janeiro: Civilização Brasileira, 2007.

ALVIM, Zuleika M. F. *Brava gente!: os italianos em São Paulo*. São Paulo: Brasiliense, 1986.

AMARAL, Raul Joviano. *Os pretos do Rosário de São Paulo*. São Paulo: João Scortecci Editora, 1991.

ANDERSON, Benedict. *Comunidades imaginadas: reflexões sobre a origem e a difusão do nacionalismo*. São Paulo: Companhia das Letras, 2008.

ANDREWS, George Reid. *Negros e brancos em São Paulo, 1888-1988*. Bauru: Edusc, 1998.

_____. *Afro-Latin America, 1800-2000*. Nova York: Oxford University Press, 2004.

APPIAH, Kwame Anthony. *Na casa de meu pai*. Rio de Janeiro: Contraponto, 1997.

ARAÚJO, José Renato de Campos. *Imigração e futebol: o caso Palestra Itália*. São Paulo: Editora Sumaré/Fapesp, 2000.

AZEVEDO, Célia Maria Marinho de. *Abolicionismo: Estados Unidos e Brasil, uma história comparada (século XIX)*. São Paulo: Annablume, 2003.

_____. *Onda negra, medo branco: o negro no imaginário das elites – século XIX*. São Paulo: Annablume, 2005.

BAGGIO, Katia. *A outra América: a América Latina na visão dos intelectuais brasileiros das primeiras décadas republicanas*. Tese (doutorado) – Departamento de História da FFLCH-USP, São Paulo, 1998 (mimeo.).

BANTON, Michael. *Racial theories*. Londres: Cambridge University Press, 1998.

BASTIDE, Roger. *Brancos e negros em São Paulo: ensaio sociológico sobre aspectos da formação e manifestações atuais e efeitos do preconceito de cor na sociedade paulistana.* São Paulo: Nacional, 1959.

_____. *Estudos afro-brasileiros.* São Paulo: Perspectiva, 1973.

BEDERMAN, Gail. *Manliness & Civilization: a cultural history of gender and race in the United States, 1880-1917.* Chicago: The University of Chicago Press, 1995.

BEINART, William & DUBOW, Saul (ed.). *Segregation and apartheid in twentieth-century South Africa.* Londres; Nova York: Routledge, 1995.

BEIRED, J. L. B. *Sob o signo da Nova Ordem: intelectuais autoritários no Brasil e na Argentina.* São Paulo: Loyola, 1999.

BRITTO, Ieda Marques. *Samba na cidade de São Paulo (1900-1930): um exercício de resistência cultural.* São Paulo: FFLCH-USP, 1986.

BUTLER, Kim D. *Freedoms given, freedoms won: Afro-Brazilian in post- abolition, São Paulo and Salvador.* New Brunswick: Rutgers University Press, 1998.

CAPELATO, Maria Helena & PRADO, Maria Lígia. *O bravo matutino: imprensa e ideologia no jornal "O Estado de São Paulo".* São Paulo: Alfa Omega, 1980.

_____. *Os arautos do liberalismo: imprensa paulista, 1920-1945.* São Paulo: Brasiliense, 1989.

CARDOSO, Fernando Henrique. *Cor e mobilidade social em Florianópolis: aspectos das relações entre negros e brancos numa comunidade do Brasil.* São Paulo: Nacional, 1960.

CARVALHO, José Murilo de. *Os bestializados: o Rio de Janeiro e a República que não foi.* São Paulo: Companhia das Letras, 2002.

CHALMERS, David Mark. *Hooded Americanism: the history of Ku Klux Klan.* Durham: Duke University Press, 2003.

CHARTIER, Roger. *A história cultural: entre práticas e representações.* Lisboa: Difel, 1990.

CLEGG, Claude Andrew. *The price of liberty: African Americans and the making of Liberia.* Chapel Hill: The University of North Carolina Press, 2004.

COOPER, Frederick; HOLT, Thomas C.; SCOTT, Rebecca J. *Além da escravidão*: *investigações sobre raça, trabalho e cidadania em sociedades pós-emancipação.* Rio de Janeiro: Civilização Brasileira, 2005.

COSTA E SILVA, Alberto. *Um rio chamado Atlântico.* Rio de Janeiro: Nova Fronteira, 2005.

CRUZ, Heloisa de Faria. *Na cidade, sobre a cidade: cultura letrada, periodismo e vida urbana.* Tese (doutorado) – Departamento de História da FFLCH-USP, São Paulo, 1994 (mimeo.).

DAVIDSON, Basil. *Africa in history.* Nova York: Touchstone, 1995.

DÁVILA, Jerry. *Diploma de brancura: política social e racial no Brasil – 1917-1945.* São Paulo: Editora Unesp, 2006.

DEAN, Warren. *A industrialização em São Paulo: 1880-1945*. Rio de Janeiro: Bertrand Brasil, 1991.

DE CICCO, Cláudio. *Hollywood na cultura brasileira: o cinema americano na mudança da cultura brasileira na década de 40*. São Paulo: Convívio, 1979.

DECRAENE, Philipe. *Pan-africanismo*. São Paulo: Difel, 1962.

DOMINGUES, Petrônio. *Uma história não contada: negro, racismo e branqueamento no São Paulo pós-abolição*. São Paulo: Editora Senac, 2004.

_____. "A visita de um afro-americano ao paraíso racial". *Revista de História*, São Paulo, n. 156, 2007, p. 161-181.

_____. *A nova abolição*. São Paulo: Selo Negro, 2008.

DU BOIS, W. E. B. *As almas da gente negra*. Rio de Janeiro: Lacerda Editores, 1999.

EDWARDS, Brent Hayes. *The pratice of diaspora: literature, translation, and the rise of black internationalism*. Cambridge: Harvard University Press, 2003.

FAUSTO, Boris. *Trabalho urbano e conflito social (1890-1920)*. São Paulo: Difel, 1983.

FAUSTO, Boris; TRUZZI, Oswaldo; GRÜN, Roberto; SAKURAI, Célia. *Imigração e política em São Paulo*. São Paulo: Editora Sumaré/Editora da UFSCar, 1995.

FERNANDES, Florestan. *A integração do negro na sociedade de classes*. São Paulo: Anhembi, 1964.

_____. *O negro no mundo dos brancos*. São Paulo: Global, 2007.

FERRARA, Miriam Nicolau. *A imprensa negra paulista (1915-1963)*. Dissertação (mestrado) – FFLCH-USP, São Paulo, 1986.

FERREIRA, Maria Cláudia. *Representações sociais e práticas políticas do movimento negro paulistano: as trajetórias de Correia Leite e Veiga dos Santos (1928-1937)*. Dissertação (mestrado) – Programa de Pós-Graduação em História da UERJ, Rio de Janeiro, 2005 (mimeo.).

FONER, Eric. *Reconstructon: America's unfinished revolution (1863-1877)*. Nova York: Harper & Row, 1988.

FRAZIER, Edward Franklin. *Black bourgeoisie*. Nova York: Free Press Paperbacks, 1997.

FREYRE, Gilberto. *Casa-grande & senzala*. São Paulo: Global, 2006.

GILROY, Paul. *O Atlântico Negro*. São Paulo: Editora 34, 2001.

GOMES, Hélio de Seixas. *Os leitores de Machado de Assis: o romance machadiano e o público de literatura no século 19*. São Paulo: Nankin/Edusp, 2004.

GOMES, Flávio. *Negro e política (1888-1937)*. Rio de Janeiro: Zahar, 2005.

GOMES, Tiago de Melo. "Problemas no paraíso: a democracia brasileira frente à imigração afro-americana". *Estudos Afro-Asiáticos*, ano 25, n. 2, 2003, p. 307-331.

GUIMARÃES, Antônio Sérgio Alfredo. *Classes, raça e democracia*. São Paulo: Editora 34, 2002.

_____. *Intelectuais negros e modernidade no Brasil* [on-line]. 2002. Disponível em: <usp.br/sociologia/asag/>. Acesso em: 13 out. 2007.

_____. "Intelectuais negros e formas de integração nacional". *Revista Estudos Avançados*, São Paulo, v. 18, n. 50, 2004, p. 271-284.

GURIN, Patricia. *Hope and independence: blacks' response to electoral and party politics.* Nova York: Russel Sage Foundation, 1989.

HALBWACHS, Maurice. *A memória coletiva.* São Paulo: Centauro, 2006.

HALL, Stuart. *A identidade cultural na pós-modernidade.* Rio de Janeiro: DP&A Editora, 2003.

HELLWIG, David J. (org.). *African-American reflections on Brazil's racial paradise.* Philadelphia: Temple University Press, 1992.

HILL, Robert A. (org.). *The Marcus Garvey and Universal Improvement Association papers: Africa for the Africans (1923-1945).* Berkeley, California: University of California Press, vol. X, 2006.

IAMAMOTO, Marilda Villela & CARVALHO, Raul de. *Relações sociais e serviço social no Brasil: esboço de uma interpretação histórico-metodológica.* São Paulo: Cortez/Celats, 1998.

IANNI, Octávio. *As metamorfoses do escravo: apogeu e crise da escravatura no Brasil Meridional.* São Paulo: Hucitec, 1985.

JUNQUEIRA, Mary Anne. *Ao sul do Rio Grande.* Bragança Paulista: Edusf, 2000.

KEYSSAR, Alexander. *The right to vote: the contested history of democracy in United States*. Nova York: Basic Books, 2000.

LEITE, José Correia. *E disse o velho militante José Correia Leite*. São Paulo: Noovha América, 2007.

LESSER, Jeffrey. *A negociação da identidade nacional: imigrantes, minorias e a luta pela etnicidade no Brasil*. São Paulo: Editora Unesp, 2000.

LICHTMAN, Allan J. *Prejudice and the old politics: the presidential election of 1928*. Lanham: Lexington Books, 2000.

MACEDO, José Rivair. "Os filhos de Cam: a África e o saber enciclopédico medieval". *SIGNUM: Revista da Abrem*, vol. 3, 2001, p. 101-132.

MACEDO, Márcio de José. *Abdias do Nascimento: a trajetória de um negro revoltado (1914-1968)*. Dissertação (mestrado) – Departamento de Sociologia da FFLCH-USP, São Paulo, 2005 (mimeo.).

MALATIAN, Tereza Maria. *Os cruzados do Império*. São Paulo: Contexto, 1990.

MARTINS, Ana Luiza & LUCA, Tânia Regina de. *História da imprensa no Brasil*. São Paulo: Contexto, 2008.

MELLO, Marina Pereira de Almeida. *Não somos africanos... somos brasileiros...: povo negro, imigrantismo e identidade paulistana nos discursos da imprensa negra e da imprensa dos imigrantes (1900-1924) – dissensões e interações*. Tese (doutorado) – Departamento de Antropologia da FFLCH-USP, São Paulo, 2005 (mimeo.).

MIRANDA, Rodrigo. *Um caminho de suor e letras: a militância negra em Campinas e a construção de uma comunidade imaginada nas páginas do Getulino (Campinas, 1923-1926)*. Dissertação (mestrado) – Departamento de História do IFCH/Unicamp, Campinas, 2005 (mimeo.).

MITCHELL, Michael. *Racial consciousness and the political attitudes and behavior of blacks in Sao Paulo, Brazil*. Tese (PhD) – Departamento de Ciência Política de Indiana University, Bloomington, 1977 (mimeo.).

MORSE, Richard M. *O espelho de Próspero: cultura e ideias nas Américas*. São Paulo: Companhia das Letras, 1998.

MOURA, Denise A. Soares de. *Sociedade movediça: economia, cultura e relações sociais em São Paulo (1808-1850)*. São Paulo: Editora Unesp, 2006.

NABUCO, Joaquim. *O Abolicionismo*. Petrópolis: Vozes, 1977.

OLIVA, Anderson R. "A invenção da África no Brasil: os africanos diante dos imaginários e discursos brasileiros dos séculos XIX e XX". *Revista África e Africanidades*, v. 1, 2009, p. 1-27.

OLIVEIRA, André Côrtes. *Quem é a "gente negra nacional"?: Frente Negra Brasileira e a Voz da Raça (1933-1937)*. Dissertação (mestrado) – Departamento de História do IFCH/Unicamp, Campinas, 2006 (mimeo.).

PINHEIRO, Paulo Sérgio. *Classe operária no Brasil: condições de vida e de trabalho, relações com os empresários e o Estado*. São Paulo: Brasiliense, 1981.

PINTO, Maria Inez Borges. "Cultura de massas e papéis femininos na construção de ícones da modernidade: na paulicéia dos anos 20". *Revista de História*, São Paulo, FFLCH-USP, 1998, p. 63-73.

PINTO, Regina Pahim. *Movimento negro em São Paulo: luta e identidade.* Tese (doutorado) – Departamento de Antropologia da FFLCH-USP, São Paulo, 1993 (mimeo.).

PRADO, Maria Ligia Coelho. *A democracia ilustrada: o Partido Democrático de São Paulo, 1926-1934.* São Paulo: Ática, 1986.

PRIDE, Armistead S. & WILSON II, Clint C. *A history of the black press.* Washington: Howard University Press, 1997.

REIS, Meire Lúcia Alves dos. *A cor da notícia: discursos sobre o negro na imprensa baiana, 1888-1937.* Tese (doutorado) – Departamento de História da UFBA, Salvador, 2000 (mimeo.).

RHODES, Jane. *Mary Ann Shadd Cary: the black press and protest in the nineteenth century.* Indianápolis: Indiana University Press, 1998.

RIBEIRO, Darcy. *O povo brasileiro: a formação e o sentido do Brasil.* São Paulo: Companhia das Letras, 1995.

RICH, Paul B. *Hope and despair: English-speaking intellectuals and South African politics.* Londres: British Academic Press, 1993.

RIOS, Flavia Mateus. "Movimento negro brasileiro nas Ciências Sociais". *Sociedade e Cultura*, Goiânia, v. 12, n. 12, 2009, p. 263-274.

ROBAINA, Tomás Fernándes. "Marcus Garvey in Cuba: Urrutia, Cubans and Black Nationalism". In: BROCK, Lisa; FUERTES, Digna Castañeda (orgs.). *Between race and empire: African-Americans and Cubans before the Cuban Revolution*. Philadelphia: Temple University Press, 1998.

RODRIGUES, Raymundo Nina. *Os africanos no Brasil*. Brasília: EdUnB, 2004.

RODRÍGUEZ-MANGUAL, Edna M. *Ligia Cabrera and the construction of an Afro-Cuban cultural identity*. Chapel Hill: The University of North Carolina Press, 2004.

SALIBA, Elias Thomé. *Raízes do riso: a representação humorística na história brasileira da Belle Époque aos primeiros tempos do rádio*. São Paulo: Companhia das Letras, 2002.

SANTOS, Carlos José Ferreira dos. *Nem tudo era italiano: São Paulo e pobreza (1890-1915)*. São Paulo: Annablume/Fapesp, 2000.

SEIGEL, Micol. "Beyond compare: comparative method after the transnational turn". *Radical History Review*, Nova York, n. 91, 2005, p. 62-90.

_____. "Mães pretas, filhos cidadãos". In: CUNHA, Olívia Maria Gomes da & GOMES, Flávio dos Santos (orgs). *Quase cidadão: histórias e antropologias da pós-emancipação no Brasil*. Rio de Janeiro: Editora FGV, 2007.

SCHOUTZ, Larz. *Beneath the United States: a history of U.S. policy toward Latin America*. Cambridge: Harvard University Press, 1998.

SEVCENKO, Nicolau. *A Revolta da Vacina: mentes insanas em corpos rebeldes.* São Paulo: Scipione, 1993.

_____. *Orfeu extático na metrópole: São Paulo, sociedade e cultura nos frementes anos 20.* São Paulo: Companhia das Letras, 2003.

SCHWARCZ, Lilia Moritz. *Retrato em branco e negro: jornais, escravos e cidadãos em São Paulo no final do século XIX.* São Paulo: Companhia das Letras, 1987.

_____. *O espetáculo das raças: cientistas, instituições e questão racial no Brasil, 1870-1930.* São Paulo: Companhia das Letras, 2007.

SCHWARTZ, Jorge. *Vanguardas latino-americanas: polêmicas, manifestos e textos críticos.* São Paulo: USP/Iluminuras, 1995.

SKIDMORE, Thomas E. *Preto no branco: raça e nacionalidade no pensamento brasileiro.* Rio de Janeiro: Paz e Terra, 1996.

SINGH, Nikhil Pal. *Black is a country: race and unfinished struggle for democracy.* Cambridge: Harvard University Press, 2004.

SMITH, Anthony. *A identidade nacional.* Lisboa: Gradiva, 1997.

SMITH, J. Douglas. *Managing white supremacy: race, politics, citizenship in Jim Crow Virginia.* Chapel Hill: The University of North Carolina Press, 2002.

SOUZA, Marina Mello e. *Reis negros no Brasil escravista: história da festa de coroação de Rei Congo.* Belo Horizonte: Editora UFMG, 2002.

SPENCER, John H. *Ethiopia at Bay: a personal account of the Haile Selassie Years.* Los Angeles: Tsehai Publishers, 2006.

SPITZER, Leo. *Lives in between: assimilation and marginality in Austria, Brazil, West Africa, 1780-1945*. Nova York: Cambridge University Press, 1989.

STEIN, Judith. *The World of Marcus Garvey: race and class in modern society*. Baton Rouge: LSU Press, 1986.

STREITMATTER, Rodger. *Voices of revolution: the dissident press in America*. Nova York: Columbia University Press, 2001.

VINCENT, Theodore G. (ed.). *Voices of black nation: political journalism in the Harlem Renaissance*. New Jersey: African World Press, 1973.

WADE, Wyn Craig. *The fiery cross: the Ku Klux Klan in America*. Nova York: Oxford University Press, 1998.

WASHINGTON, Booker T. *Up from slavery*. Nova York: Dover Publications, 1995.

WEINSTEIN, Barbara. "Racializing regional difference: São Paulo versus Brazil, 1932". In: APPELBAUM, Nancy P.; MACPHERSON, Anne S.; ROSEMBLATT, Alejandra (orgs.). *Race and nation in modern Latin America*. Chapel Hill: The University of North Carolina Press, 2003.

WISSENBACH, Maria Cristina Cortez. *Sonhos africanos, vivências ladinas: escravos e forros em São Paulo (1850-1880)*. São Paulo: Hucitec, 1998.

Agradecimentos

Eu gostaria de agradecer, primeiramente, a Mary Anne Junqueira pelo diálogo e observações, durante as orientações, que foram fundamentais para os rumos tomados por essa pesquisa que se transformou em livro. Demonstrando paciência o tempo todo, respondeu dúvidas concernentes à escrita da dissertação e instigou novas questões, me propiciando serenidade em meio aos momentos de apreensão que são comuns a essa atividade. Muito obrigado.

À professora Cecília Azevedo e ao professor Antonio Sérgio Guimarães pelas observações feitas na defesa da dissertação, este último também pela minha introdução aos estudos das relações raciais através da coordenação do Programa "Dez Vezes Dez".

Às professoras Maria Ligia Prado e Maria Helena Capelato, que coordenaram o grupo temático "Cultura e política nas Américas: circulação de ideias e configuração de identidades (séculos XIX e XX)". Sinto orgulho de ter feito parte desse grupo de grande excelência acadêmica. Foi através dele que conheci e estreitei meus vínculos com a "turma da pós": Gabriel Passeti, Romilda Motta e Tereza Dulci.

Aos colegas de orientação, Débora Villela, Ivania Motta, Marillia Arantes e, principalmente, Carla Paulino.

Aos amigos Uvanderson, Márcio Macedo, João Batista Felix (Batistão), Muryatan Barbosa, Fábio Galdino, Laércio Fidelix e Mojana Vargas pelos momentos de "descontração acadêmica".

À Capes por permitir, através da bolsa de pesquisa, me dedicar integralmente à escrita da dissertação de mestrado.

À Fapesp por viabilizar a publicação dessa pesquisa.

À Luana Negreiros, minha noiva, que teve enorme paciência esses anos.

Por fim, aos meus familiares Maria Lúcia, Camila Francisco, Renata Francisco e meu saudoso pai Djair Francisco.

Esta obra foi impressa em São Paulo na primavera de 2013. No texto foi utilizada a fonte Cambria em corpo 10,5 e entrelinha de 16 pontos.